Lifeskills International

Clever im Job

Lifeskills International

Clever im Job

Aus dem Englischen übersetzt
von Britta Wisser

Autorenteam:

Lifeskills International
Jack Loughary
Steve Murgatroyd
Mike Scally
Don Simpson

mvg

Die Deutsche Bibliothek – CIP-Einheitsaufnahme

Lifeskills International:
Clever im Job / Lifeskills International. –
Landsberg am Lech ; mvg, 2001
ISBN 3-478-81239-9

Titel der englischen Originalausgabe: „Smart Working“

Umschlaggestaltung: Felix Weinold, Schwabmünchen
Satz: Fotosatz H. Buck, Kumhausen
Druck- und Bindearbeiten: Ebner Ulm
Printed in Germany 81239/201402
ISBN 3-478-81239-9

Inhaltsverzeichnis

Vorwort

Wie oft haben wir es schon gehört: Es geht nicht darum, die Dinge richtig zu tun, sondern die richtigen Dinge zu tun, also „intelligent" zu arbeiten.

Der Manager von heute steht vor der Herausforderung, seinen Führungsstil gleichzeitig an traditionellen menschlichen Werten und effizienzorientierter Technologie auszurichten. *Clever im Job* nimmt diese Herausforderung in drei verschiedenen Bereichen an: Zeitmanagement und Lebenszufriedenheit, zwischenmenschliche Kommunikation und Kommunikation in Gruppen.

Der erste Teil, Zeitmanagement und Lebenszufriedenheit, erläutert nicht nur wichtige Techniken, wie man seine Arbeitszeit möglichst produktiv nutzt, sondern zeigt Ihnen darüber hinaus, wie Sie Ihre arbeitsfreie Zeit so gestalten, dass Sie so viel Lebenszufriedenheit wie möglich daraus ziehen. Da sich Arbeit, Familie, Freizeit, private Ziele und andere Ziele außerhalb der Arbeitszeit oft überlappen, macht es Sinn, sie als Bestandteile des Gesamtbildes Lebenszufriedenheit zu betrachten. Das ist die Grundlage für die von uns vorgestellten Techniken der Zeit- und Aktivitätenplanung. Kapitel 1 – Der Ausgangspunkt – Grundlagen des Zeitmanagements – beinhaltet eine einführende Darstellung bewährter Zeitmanagementtechniken. Kapitel 2 – Jenseits der Grundlagen – dehnt die Betrachtung auf andere ausgewählte Anwendungsbereiche des Zeitmanagements außerhalb der Arbeitszeit aus.

Teil 1 basiert auf der Annahme, dass eine Führungskraft in der Lage sein muss, sich sowohl während als auch außerhalb der Arbeitszeit selbst zu managen, wenn sie oder er andere effizient managen soll. Eine Liste mit erfolgreichen *Lifeskill*-Büchern über Zeitmanagement, Zielsetzungstheorien, Zeitplaner etc. gehört ebenfalls dazu. Wir widmen uns sowohl den Konzepten als auch den eigentlichen Techniken des Personalmanagements. Es gibt zwar viele Möglichkeiten, Zeit richtig zu managen, doch die meisten Mitarbeiter erkennen die Bedeutung eines guten Selbstmanagements erst, wenn sie einen Vorgesetzten haben, der als Vorbild dienen kann.

Wenn in irgendeinem Bereich der Managementfähigkeiten eine einhellige Meinung besteht, dann sicherlich hinsichtlich der zwischenmenschlichen Kommunikation. Diverse Kommunikationsforscher haben herausgefunden, dass wir nur ungefähr 50 Prozent dessen, was wir eigentlich meinen, auch vermitteln können und nur 50 Prozent dessen klar verstehen, was wir hören. An der Bewältigung dieser Hindernisse arbeiten erfolgreiche Führungskräfte täglich von neuem. Glücklicherweise basiert gute Kommunikation nicht nur auf Glück und Zufall.

Es gibt eine Vielzahl von Techniken und Ideen, die unsere Kommunikation mit anderen verbessern können. Der zweite Teil dieses Buches beginnt mit Kapitel 3, Zur Sache!, in welchem grundlegende Kommunikationstechniken vermittelt werden. In Kapitel 4, Mehr als Worte, geht es um die non-verbalen Aspekte der Kommunikation, die für die Arbeit von Führungskräften so wichtig sind, sowie um Konfliktbewältigung und Feedback-Techniken. Sie finden in diesem Kapitel außerdem eine Anleitung, wie Sie bestimmte Kommunikationstechniken und Verfahren üben können, die mit Führungsaufgaben verbunden sind.

Die Kommunikation in der Gruppensituation ist das Hauptthema im dritten Teil des Buches. In Kapitel 5, Was ein Meeting erfolgreich macht, geht es darum, wie man durch eine klare Kommunikation effektive Meetings durchführt. In Kapitel 6, Gruppenverhalten sinnvoll nutzen, beschäftigen wir uns eingehend mit dem Thema Gruppen und den produktiven und weniger produktiven verbalen Verhaltensweisen in Arbeitsgruppen. Wir erörtern in diesem Kapitel das Thema Teamentwicklung und Grundprinzipien für den Aufbau und die Führung von Gruppen.

Clever im Job ist ein Buch für Menschen, denen die Personalentwicklung am Herzen liegt. Unsere Leser sollen nicht nur lesen, sondern auch handeln, deshalb haben wir es als eine Art Arbeitsbuch mit der Möglichkeit zum „offenen Lernen“ gestaltet. Offenes Lernen ist eine Lernmethode, die sich den individuellen Bedürfnissen der Lernenden anpasst. Das heißt, dass der Leser in allen Kapiteln immer wieder dazu ermuntert wird, mit dem Text zu interagieren.

„Interaktionsfelder“ für den Leser helfen dem Einzelnen, die Inhalte dieses Buches auf spezielle Situationen und Interessen anzupassen und sie besser zu verarbeiten. Untersuchungen haben gezeigt, dass diese Techniken dem Leser sowohl das Verständnis als auch die praktische Umsetzung der Inhalte erleichtern. Diese Interaktionsfelder beinhalten meistens Fragen über das Gelesene. Außerdem sollte der Leser sich Notizen machen und Kommentare und Fragen in das Buch schreiben. Beim offenen Lernen geht es darum, sich einerseits mit Ideen und Konzepten auseinander zu setzen und gleichzeitig dabei aktiv etwas zu lernen.

Bei manchen offenen Lernprogrammen ist der Besuch eines speziellen Studienzentrums oder der Kontakt zu einem Tutor oder Mentor erforderlich, doch selbst dann sind die Anwesenheitszeiten so flexibel, dass sie individuell angepasst werden können. Dieses Buch ist dafür gedacht, dass Sie es zu Hause oder am Arbeitsplatz durcharbeiten. Die meisten Aktivitäten können Sie für sich alleine durchführen. Hin und wieder werden wir Ihnen vorschlagen, dass Sie das eine oder andere Thema mit einem Freund oder Kollegen diskutieren, weil man sich vor allem dann weiterentwickelt, wenn man die Möglichkeit hat, sich mit anderen über Ideen auseinander zu setzen. Das ist aber kein unverzichtbares Muss.

Mit diesem Buch können Sie:

- Ihr Lernprogramm an Ihre eigenen Bedürfnisse anpassen,
- das Material alleine oder mit anderen durcharbeiten,
- die Geschwindigkeit selbst bestimmen, mit der Sie es durcharbeiten,
- beginnen und aufhören, wann und wo Sie wollen.

In einigen Abschnitten wird von Ihnen mehr erwartet, als dass Sie nur den Text durcharbeiten; manchmal ist es erforderlich, zusätzliche Zeit zu investieren – manchmal einen Abend, manchmal eine ganze Woche. Aus diesem Grund können wir nicht sagen, wie lange Sie dafür brauchen werden, dieses Buch durchzuarbeiten. Um den schriftlichen Teil durchzuarbeiten, werden Sie voraussichtlich sechs Stunden brauchen.

[illegible]

[illegible]

[illegible]

[illegible]

TEIL I
ZEITMANAGEMENT UND LEBENSZUFRIEDENHEIT

Im ersten Teil dieses Buches geht es darum, wie Sie Ihre Lebenszufriedenheit maximieren können. Es macht Sinn und erscheint nur natürlich, sich Zeit als eine bestimmte Menge vorzustellen, die man sich auf bestimmte Art und Weise einteilen kann. Langfristig gesehen wird unsere Lebensqualität jedoch davon bestimmt, was jeder Einzelne von uns mit der ihm zur Verfügung stehenden Zeit anfängt. Um dieses Konzept zu verstehen, muss man sich darüber im Klaren sein, wie man als Manager bestimmte Zeitblöcke nutzt, um die Aufgaben zu erledigen, für die man die Verantwortung übernommen hat. Die beiden Kapitel in Teil I setzen sich sowohl mit den konzeptionellen als auch mit den praktischen Aspekten des Zeitmanagements auseinander, und zwar zunächst im Hinblick auf die Arbeitszeit und später auch hinsichtlich der so genannten Freizeit.

In den letzten Jahren haben viele Autoren erkannt, wie wichtig es ist, seine Arbeitszeit zu managen. Ebenso viele Autoren betonen die Bedeutung einer befriedigenden Freizeitbeschäftigung für Manager. Die Anforderungen an viele, wenn nicht die meisten Manager können enorm sein, so dass die ursprünglich für Aktivitäten außerhalb des Arbeitsplatzes reservierte Zeit mehr und mehr für die Arbeit verwendet wird. Dies ist eine sehr ernst zu nehmende Situation, die sogar gesundheitsgefährdend ist, wie der Ausdruck „Workaholic“ andeutet. Hier passt die Warnung: „Wer zu viel arbeitet und zu wenig spielt, stumpft ab.“ Viele Workaholics glauben wahrscheinlich, dass sie hervorragende Zeitmanager sind, und wenn es darum geht, möglichst noch den letzten Tropfen Produktivität aus jeder Minute herauszupressen, haben sie vielleicht sogar Recht. Spitz formuliert könnte man fragen: „Und, was hat es gebracht?“ Wenn Sie dadurch motiviert werden, beschäftigt zu sein, nur um der Beschäftigung willen, dann haben Sie eher ein Problem mit Wertvorstellungen und Zeitbewusstsein und weniger mit dem Zeitmanagement an sich.

Zeitbewusstsein ist eines der Hauptthemen in Teil I. Es ist wichtig, dass man sich über seine eigenen Werte im Klaren ist und dass man seine Zeit und Energie entsprechend einsetzt. Zeit ist eine Ressource und wie bei jeder Ressource sollte man sich über ihre Verwendung Rechenschaft ablegen. Die Themen „Listen machen“, „Prioritäten setzen“ und „Analyse des Befriedigungspotenzials einzelner Tätigkeiten“ werden in Kapitel 1 interaktiv behandelt; das heißt, dass Sie Ihre eigenen Terminpläne und Aufzeichnungen nutzen sollen, um die dargestellten Konzepte zu verstehen.

Diese Aufzeichnungen müssen Sie mindestens eine Woche lang führen, bevor Sie sich mit dem nächsten Material beschäftigen. In Kapitel 2 erläutern wir Techniken, wie man seine Zeit nutzt. Dazu gehört z.B. das Führen eines Tagebuchs und eine Arbeitsumgebung, die Ihr Zeitbudget unterstützt. Aber wir verraten Ihnen auch ein paar Möglichkeiten zur Zeitersparnis. Wir haben außerdem darauf geachtet, dass wir Ihnen Möglichkeiten aufzeigen, wie Sie Zeit für sinnvolle Freizeitbeschäftigungen sparen. Letzteres ist für viele Führungskräfte, die ständig mehr beansprucht werden, als ihre Zeit erlaubt, keine leichte Aufgabe. Wenn Sie die Übungen in beiden Kapiteln gelesen und durchgeführt haben, sollten Sie die Fähigkeit erworben haben, verantwortungsvoller mit Ihrer Zeit umzugehen und sie dafür zu verwenden, die Lebensziele zu erreichen, die Ihnen am wichtigsten sind.

Die Inhalte des ersten Teils sollen Ihnen deshalb helfen, folgende Ziele zu erreichen:

- sich darüber klar zu werden, wie Sie gegenwärtig Ihre Zeit nutzen,
- Prioritäten bei der Verwendung Ihrer Zeit zu setzen,
- Ihre Prioritäten nach Wichtigkeit zu sortieren,
- die Konzepte von „verkaufter Zeit", „Wartungszeit" und „frei verfügbarer Zeit" zu kennen,
- Ihre Fähigkeiten im Zeitmanagement zu entwickeln.

Die wichtigste Fähigkeit, um die es im ersten Teil dieses Buches geht, ist die Fähigkeit, Prioritäten zu setzen und festzulegen, wie viel Zeit man für die Erledigung dieser Aufgaben benötigt. Das gibt Ihnen die Möglichkeit, Techniken auszuprobieren, mit denen Sie Ihre Zeit effektiver planen können, so dass Sie alle wichtigen Aufgaben, einige weniger wichtigen Aufgaben und sogar ein paar relativ unwichtige Aufgaben bewältigen können.

Wir wissen sehr wohl, dass das Leben voller unerwarteter Überraschungen ist, deshalb ist Flexibilität ein weiterer wichtiger Bestandteil dieses Programms. Das Buch selbst ist ja schon flexibel, weil Sie selbst entscheiden können, wann und wo Sie es benutzen. Wenn Sie am Ende des ersten Teils angelangt sind, sollten Sie – so hoffen wir – in der Lage sein, Ihre Zeit effektiver und sinnvoller zu nutzen und nicht mehr zu denken: „Das und das würde ich gerne machen, aber ich habe keine Zeit dafür." Stattdessen planen Sie Ihre Zeit entweder so, dass Sie es tun können, oder Sie denken: „Ich könnte zwar das und das tun, aber was ich jetzt mache, mache ich viel lieber."

Was soll Ihnen der letzte Abschnitt bringen? Bevor Sie weiterlesen, nehmen Sie sich fünf Minuten Zeit und überlegen Sie einmal, was Sie erreichen möchten.

Schreiben Sie drei Dinge auf, die Sie an der Art und Weise, wie Sie im Moment Ihre Zeit verbringen, frustrieren. Kommen Sie z.B. häufig zu spät? Fällt es Ihnen schwer, bestimmte Dinge zu erledigen? Haben Sie das Gefühl, Ihre ganze Zeit würde anderen Menschen gehören?

____

____

Lassen Sie Ihrer Fantasie für einige Minuten freien Lauf und denken Sie einmal über die Möglichkeiten nach, die Sie für sich erschließen könnten.

Welche Ziele haben Sie persönlich, nachdem Sie diesen Abschnitt durchgearbeitet haben?

____

____

Welche wirklich wichtige Sache würden Sie gerne erledigen, für die Sie im Moment keine Zeit haben?

____

____

Welche beiden Dinge würden Sie an der Art und Weise, wie Sie Ihre Zeit im Moment verbringen, ändern?

____

____

Jetzt, wo Sie damit begonnen haben, Ihre persönlichen Ziele zu definieren, schlagen wir vor, dass Sie im Verlaufe dieses Buches immer wieder zu diesen Zielen zurückblättern. Wenn Sie sich Ihre Ziele regelmäßig vor Augen führen, können Sie Ihre Fortschritte besser erkennen. Außerdem hilft es Ihnen dabei, die Zeitmanagementtechniken zu identifizieren, die für Sie am nützlichsten sind. Während Sie dieses Buch durcharbeiten, können Sie Ihre Ziele natürlich immer ändern oder andere hinzufügen; Ihre Absichten werden sich mit zunehmendem Fortschritt ändern!

1. Der Ausgangspunkt – Grundlagen des Zeitmanagements

Was ist Zeitmanagement? Dazu gehört, klare Prioritäten zu setzen und darauf zu achten, dass man sie bewältigt. Zeit ist eine begrenzte Ressource, also müssen Sie sich entscheiden. Wenn die Zeit vorüber ist, ist sie vorüber. Es lohnt sich, jetzt zu lernen, die Uhr zu besiegen!

Die drei Schlüsselwörter für ein besseres Zeitmanagement sind:

- *Wissen* – eine konkrete Vorstellung davon, was Sie tun müssen oder wollen,
- *Auswahl* – die Notwendigkeit, sich für eine bestimmte Alternative zu entscheiden,
- *Zeit* – die Notwendigkeit, Zeit so zu planen, dass Sie gemäß Ihrer getroffenen Wahl handeln können.

Zeit zu verwalten heißt nicht, ständig beschäftigt zu sein. Wir sagen nicht, dass jede Minute mit Aktivitäten voll gestopft sein muss, sondern dass es möglich ist, in der Ihnen zur Verfügung stehenden Zeit das zu bekommen, was Sie wollen. Dazu gehört auch, dass man Entspannungszeiten einplant (siehe Abb. 1.1).

Uns allen stehen jeden Tag 24 Stunden zur Verfügung. Wir sollten sie wie eine Investition betrachten; wo und wie Sie investieren, bestimmt, was Sie zurückbekommen. Der erste Schritt beim Zeitmanagement besteht darin, herauszufinden, wie Sie wirklich Ihre Zeit verbringen. Das können Sie mit Hilfe des Zeitinvestitionsprotokolls tun, in dem Sie alle Ihre Aktivitäten der letzten Woche auflisten. Damit stehen Ihnen die grundlegenden Informationen zur Verfügung, die Sie später brauchen, um Ihre Wahl zu treffen. Das Ziel dieses Kapitels ist es deshalb, Ihnen zu helfen, herauszufinden, wie Sie wirklich Ihre Zeit verbringen.

Beim Zeitmanagement geht es um Prioritäten.

↓

Prioritäten ergeben sich aus Zielsetzungen.

↓

Zielsetzungen haben etwas mit Planung zu tun.

↓

Planung hat etwas mit Kontrolle zu tun.

↓

Kontrolle zu haben heißt, selbstbestimmt zu leben.

↓

Selbstbestimmte Menschen beherrschen das Zeitmanagement.

Abb. 1.1 *Zeitmanagement Flussdiagramm*

Zeitinvestitionsprotokoll

Das Zeitinvestitionsprotokoll in Tabelle 1.1 unterteilt die Wochentage in zweistündige Zeitabschnitte. Wir empfehlen, das Protokoll während der nächsten sieben Tage durchgehend zu führen.

Nach unseren Erfahrungen sind zweistündige Blöcke effektiv, aber Sie können die Tabelle so einteilen, wie es Ihren Anforderungen entspricht. Allerdings sollten die Zeitblöcke nicht zu lang sein. Tragen Sie jeden Abend in das Protokoll ein, was Sie den Tag über getan haben. Es ist wichtig, dass Sie Ihre Eintragungen wirklich regelmäßig jeden Abend vornehmen, weil man sonst leicht vergisst, was man getan hat. Sie müssen eine komplette Woche (sieben 24-Stunden-Abschnitte) Ihres Zeitinvestitionsprotokolls ausfüllen, bevor Sie mit diesem Programm weitermachen können.

Manchmal hilft es, sich schon, während man etwas tut, irgendwo eine Notiz zu machen. Trotzdem müssen Sie Ihre Notizen am Ende der Woche in das Protokoll übertragen, damit Sie einen Überblick darüber bekommen, wie Sie Ihre Zeit verbracht haben. Dieser Überblick ist wichtig, damit Sie im Nachhinein Muster bei der Verwendung Ihrer Zeit identifizieren können. Wenn Sie Ihr Zeitinvestitionsprotokoll eine Woche lang geführt haben, sind Sie in der Lage zu analysieren, wofür Sie Ihre Zeit eingesetzt haben.

Tabelle 1.1 *Zeitinvestitionsprotokoll*

	Mo	Di	Mi	Do	Fr	Sa	So
0–2 Uhr							
2–4 Uhr							
4–6 Uhr							
6–8 Uhr							
8–10 Uhr							
10–12 Uhr							
12–14 Uhr							
14–16 Uhr							
16–18 Uhr							
18–20 Uhr							
20–22 Uhr							
22–24 Uhr							

In der Aktivitätenliste in Tabelle 1.2 führen Sie die Aktivitäten auf, die Sie in Ihr Zeitinvestitionsprotokoll eingetragen haben (z.B. Schlafen, Essen, Kinderbetreuung, Fernsehen, Einkaufen, Kochen, Haushalt, Fahrtzeit zur Arbeit, Arbeit). Gegebenenfalls sollten Sie die Tätigkeit „Arbeit" noch weiter unterteilen. Für die verschiedenen Arbeitstätigkeiten sollten Sie Unterüberschriften verwenden (z.B. Telefonieren, an Konferenzen teilnehmen, Reisen).

Tabelle 1.2 *Aktivitätenliste*

Aktivität	Anzahl der Stunden
Essen	
Kinderbetreuung	
Schlafen	
Reisen	
Einkaufen	
Haushalt	
Kochen	
Arbeit	
Sonstige	

Als Nächstes rechnen Sie aus, wie viele Stunden Sie für die einzelnen Aktivitäten verwenden. Tragen Sie diese Zahl in die Spalte neben den Tätigkeiten ein.

Schauen Sie sich Ihre Tabelle einige Minuten lang an. Dann sortieren Sie Ihre Aktivitäten mit Hilfe der Rangordnung in Tabelle 1.3.

Tabelle 1.3 *Aktivitäten-Rangliste*

Aktivität	Anzahl der Stunden
1	
2	
3	
4	
5	
8	
7	
8	
9	
10	
11	
12	
13	
14	
15	
16	
17	
18	
19	
20	

Die Aktivität, für die Sie am meisten Zeit aufbringen, tragen Sie neben die 1, die zweitaufwendigste neben die 2 und so weiter.

Sehen Sie sich Ihre Rangliste noch einmal an und überlegen Sie Folgendes:

Was, wenn überhaupt, überrascht Sie daran, wie Sie Ihre Zeit verbracht haben?

War an dieser Woche etwas Ungewöhnliches?

Was bekommen Sie von Ihrer Investition zurück, das heißt, wie zufrieden sind Sie im Allgemeinen mit Ihren individuellen Aktivitäten?

Welche Veränderungen würden Sie gerne vornehmen?

Sehen Sie Möglichkeiten, Ihre Zeit anders zu investieren, sodass Sie sie für etwas anderes investieren könnten? Wenn ja, welche Möglichkeiten sind das?

Sie haben jetzt analysiert, wie Sie eine Woche Ihres Lebens tatsächlich verbracht haben. Vielleicht haben Sie die eine oder andere Überraschung erlebt! Die Zeit, die Sie z.B. mit Fernsehen verbracht haben, oder damit, Ihren Hund auszuführen, ist vielleicht länger, als Sie dachten. Vielleicht haben Sie weniger Zeit für die „Aktentasche voller Hausaufgaben“ gebraucht, als Sie dachten. Auch wenn Ihr Zeitinvestitionsprotokoll so aussieht, wie Sie erwartet haben, sollten Sie einmal darüber nachdenken, ob das Gesamtbild so ausgewogen und vielfältig ist, wie Sie es gerne hätten. Diese Woche ist nicht wiederholbar.

Sind Sie zufrieden mit der Art und Weise, wie Sie Ihre Woche verbracht haben? In Kapitel 2 sollen Sie sich Ihr Zeitinvestitionsprotokoll noch einmal genauer ansehen, um dann Bereiche zu identifizieren, wo Sie noch Zeit sparen oder sinnvoller verwenden können.

Denken Sie noch einmal über die vergangene Woche nach und überlegen Sie, wie repräsentativ sie war. Beantworten Sie die folgenden Fragen, um festzustellen, wie Sie die letzte Woche genutzt haben.

Welchen Gesamteindruck habe ich davon, wie ich die Woche verbracht habe und wie ich meine Zeit im Allgemeinen nutze?

____

____

Wie viel Zeit habe ich für Tätigkeiten gehabt, die ich gerne mache, und wie viel Zeit habe ich im Allgemeinen für solche Tätigkeiten?

____

____

Wie viel Zeit habe ich für Tätigkeiten investiert, die ich nicht mag, und wie viel Zeit investiere ich im Allgemeinen für solche Tätigkeiten?

____

____

Habe ich Zeit verschwendet? Wie viel? Wie?

____

____

Wie viel Zeit habe ich Dingen gewidmet, die ich für wichtig halte, und wie viel Zeit widme ich diesen Dingen im Allgemeinen?

____

____

Habe ich Warte- oder Fahrtzeiten konstruktiv genutzt?

Wie viel Zeit habe ich meinen Prioritäten gewidmet und wie viel Zeit widme ich ihnen im Allgemeinen?

Habe ich am Anfang jedes Tages gewusst, welche meine Tagesziele sind?

Habe ich etwas, das ich tun wollte, verschoben?

Habe ich eine bestimmte Zeit in dieser Woche besonders erfolgreich genutzt?

Habe ich Zeit mit Routinetätigkeiten oder Gewohnheiten verbracht, die ich eigentlich aufgeben möchte?

Habe ich mich für sinnvoll verbrachte Zeit belohnt?

Habe ich mir für bestimmte Tätigkeiten Fristen gesetzt und sie eingehalten?

____

____

Habe ich anderer Leute Zeit verschwendet? Wenn ja, wie?

____

____

Habe ich Zeit zur Entspannung gehabt und habe ich im Allgemeinen Zeit zum Entspannen?

____

____

Habe ich mich häufig gefragt: „Welches wäre jetzt im Moment die sinnvollste Art, meine Zeit zu nutzen?“

____

____

Was sagen meine Antworten mir darüber, wie ich in der letzten Woche meine Zeit investiert habe?

____

____

Es wird Ihnen helfen, wenn Sie jede Woche eine erneute Zeitüberprüfung machen. Sie finden auf der nächsten Seite eine einfache Tages-Zeitübersicht (Tabelle 1.4), die Ihnen zeigt, was Sie alles eintragen könnten. Diese Übersicht ist besonders für das Erfassen von wöchentlichen Aktivitäten hilfreich, aber auch, wenn man Zeit außerhalb der Arbeitszeit erfassen möchte.

Tabelle 1.4 *Tages-Zeitübersicht*

Zeit	Tätigkeit
8.50 Uhr	Kaffee getrunken. Nach fehlenden Briefen gesucht. Ablage.
9.25 Uhr	Ein paar Leute wollten mich sprechen.
9.35 Uhr	Beginn des Termins mit Herrn Müller über die Poster, die wir zusammen mit einem Buch herausbringen wollen.
10.05 Uhr	Der Schriftsetzer kommt. Wir drei schauen uns seine Schautafeln an.
10.35 Uhr	Treffen des Herausgeber-Teams, anschließend Gespräch mit Geschäftsführer.
11.50 Uhr	Kaffee getrunken. Mit Frau Schulz gesprochen. Frau Meier ist krank, also hab ich sie nach Hause geschickt.
12.30 Uhr	Bin wieder zur Poster-Besprechung gegangen und habe die Entwürfe Korrektur gelesen.
13.00 Uhr	Posterkonzept-Treffen läuft während des Mittagessens weiter.
13.45 Uhr	Hab mir wieder die Entwürfe angesehen.
14.15 Uhr	Herr Beier hat angerufen; habe Nachrichten hinterlassen etc.
14.35 Uhr	Zwei Zeitschriften durchgeblättert (Monatsschrift des Deutschen Börsenvereins, SHAPE).
14.50 Uhr	Fotokopiere unsere Entwürfe und Ideen für die Poster. Beginne mit dem Layout.
15.50 Uhr	Die Entwürfe für den neuen Katalogumschlag sind gekommen. Peter, Michael und ich sehen sie uns an.
16.05 Uhr	Herr Schmidt informiert mich über den Zeitplan für die Veröffentlichung der SUCCESS-Bücher.
16.30 Uhr	Führe zwei Telefonate. Treffen im Büro des Chefs, um zwei Geburtstage zu feiern.
17.00 Uhr	Wende mich wieder 20 Minuten lang den Layouts zu. Schreibe die zu erledigenden Aufgaben für morgen auf.
17.45 Uhr	Verlasse das Büro.

Sie werden vielleicht feststellen, dass Sie dadurch, dass Sie Ihre Zeitübersichten führen, besser in der Lage sind, Ihren Fortschritt zu beobachten und wiederkehrende Muster zu identifizieren. Später schauen wir uns einmal an, mit welchen Techniken man ein Zeitplanbuch richtig einsetzt.

Sie haben nun damit begonnen, sich darüber Gedanken zu machen, wie Sie Ihre Zeit tatsächlich nutzen. Wir möchten Sie jetzt bitten, noch weiter ins Detail zu gehen und herauszufinden, wie Sie mehr Zeit für Dinge einplanen können, die Sie gerne tun.

Zeit und Zufriedenheit

Wir wollen uns nun dem Hauptproblem beim Zeitmanagement zuwenden – wie bringen wir das, was wir tun möchten, und das, was wir tatsächlich tun, auf einen Nenner? Das Ziel besteht darin, den Anteil unserer Zeit, den wir für befriedigende Tätigkeiten investieren, zu vergrößern. Dazu müssen wir wissen, wie wir unsere Zeit im Moment tatsächlich verbringen, wie befriedigend das ist und wie wir unsere Zeit anders verwenden können, um uns mehr Zufriedenheit und Vergnügen zu verschaffen. Dazu wollen wir uns einmal mit der folgenden Technik näher auseinander setzen.

Befriedigende Tätigkeiten

Fertigen Sie eine Liste mit den Tätigkeiten an, die Sie bei Ihrer jetzigen Art der Zeitverwendung befriedigen. Definieren Sie Befriedigung ganz für sich persönlich, aber erwähnen Sie nur die Tätigkeiten, die Sie auch wirklich ausführen. Ihre Liste sollte zeigen, was Sie zur Zeit tatsächlich zufrieden macht, nicht, „wie es sein sollte“.

Jetzt sollten Sie die Informationen auf der Liste in ein Tortendiagramm übertragen, das zeigt, aus welchen Tätigkeiten Sie am meisten Befriedigung ziehen und aus welchen am wenigsten. So ein Tortendiagramm hilft Ihnen, die Tätigkeiten zu identifizieren, die Sie befriedigen, und herauszufinden, wie viel Befriedigung Sie aus den einzelnen Tätigkeiten relativ gesehen ziehen. So eine „Zufriedenheitstorte" sieht bei jedem anders aus. Sehen Sie sich einmal die beiden Beispiele in den Abbildungen 1.2 und 1.3 an; Ihr Diagramm enthält wahrscheinlich ganz andere Aktivitäten als diese.

Tragen Sie jetzt Ihre eigenen befriedigenden Tätigkeiten in das nachfolgende leere Diagramm in Abbildung 1.4 ein, wobei jede Tätigkeit ein Tortenstück darstellt. Je befriedigender die Tätigkeit, desto größer das Tortenstück. Die komplette Torte stellt dann eine gute Übersicht über die Aktivitäten in Ihrem Leben dar, die Sie befriedigen.

Eines macht so ein Tortendiagramm ganz deutlich: Sie können die Zeit, die Sie mit einer befriedigenden Tätigkeit verbringen, nur auf Kosten einer anderen Tätigkeit vergrößern. Das bedeutet, dass Sie Entscheidungen treffen oder die Zeiten reduzieren müssen, die Sie für weniger befriedigende Tätigkeiten investieren, um mehr Zeit für attraktivere Tätigkeiten zu haben.

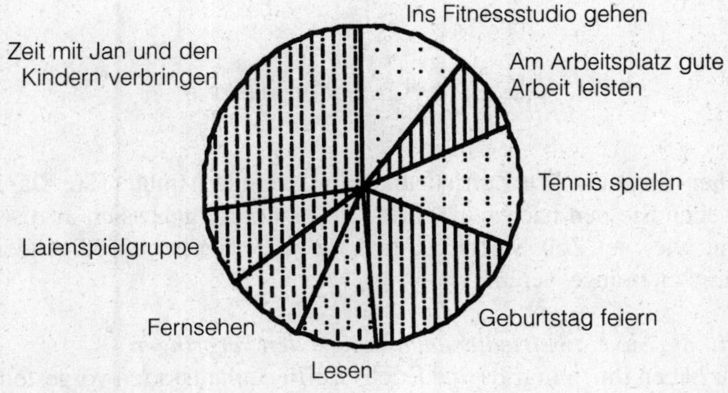

Abb. 1.2 *Ingrids Zufriedenheitstorte*

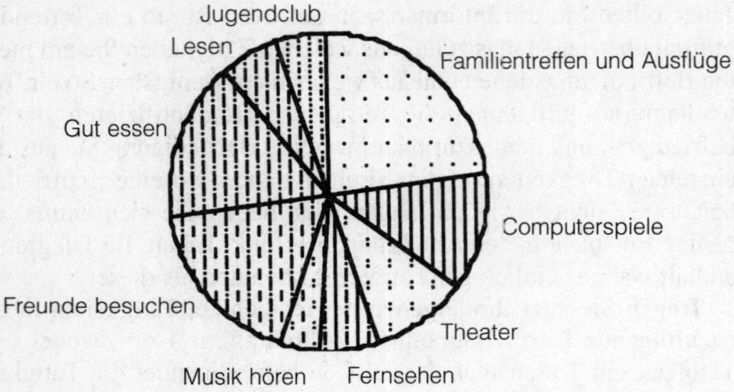

Abb. 1.3 *Erichs Zufriedenheitstorte*

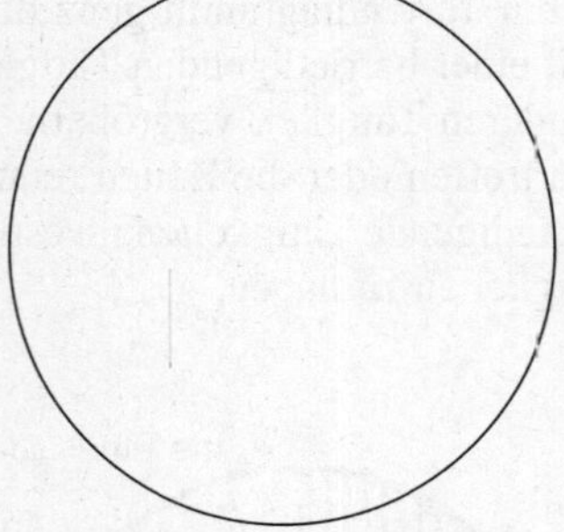

Abb. 1.4 *Ihre Zufriedenheitstorte*

Sehen Sie sich Ihre Zufriedenheitstorte einige Minuten an. Dann machen Sie den nächsten Schritt, wo es darum geht, sich anzusehen, wie viel Zeit Sie tatsächlich für jede dieser befriedigenden Tätigkeiten investieren.

Zeit, die Sie mit befriedigenden Tätigkeiten verbringen
Wir haben Ihnen Ingrids und Erichs Zufriedenheitstorten vorgestellt und in den Abbildungen 1.5 und 1.6 sehen Sie ihre „Realtime-Torten“. Wie Sie sehen, gibt es einige Diskrepanzen. Wie so viele von uns, sehen beide länger fern, als sie nach dem Grad der Zufriedenheit, die sie daraus ziehen, sollten!

Tragen Sie in die leere „Realtime-Torte" in Abbildung 1.7 die Zeit ein, die Sie mit Ihren befriedigenden Tätigkeiten verbringen. Dieses Mal entspricht die Größe der Torte der tatsächlich investierten Zeit im Verhältnis zu anderen Aktivitäten.

Vergleichen Sie Ihre beiden Torten, die Zeit, die Sie für bestimmte Tätigkeiten investieren, und den Grad der Befriedigung, den Sie im Verhältnis dazu aus diesen Tätigkeiten ziehen. Dann sollten Sie sich folgende Fragen beantworten:

Überrascht Sie irgendetwas an einer der beiden Torten?

Gibt es Unterschiede zwischen Ihrer Zufriedenheitstorte und Ihrer „Realtime-Torte"? Wenn ja, welche?

Was sagt das über Ihre aktuelle Lebensweise und die Art, wie Sie Ihre Zeit verbringen, aus?

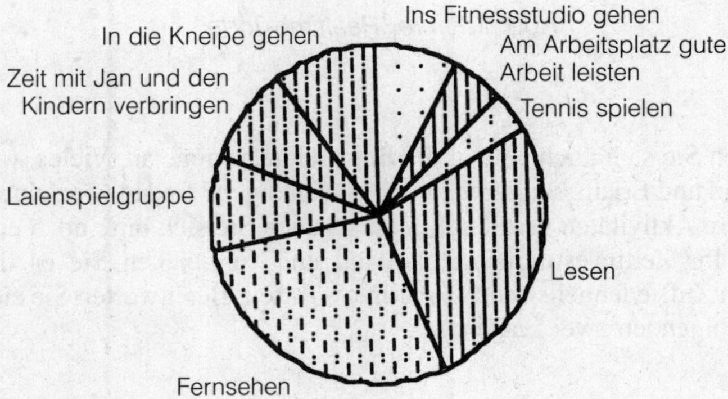

Abb. 1.5 *Ingrids „Realtime-Torte"*

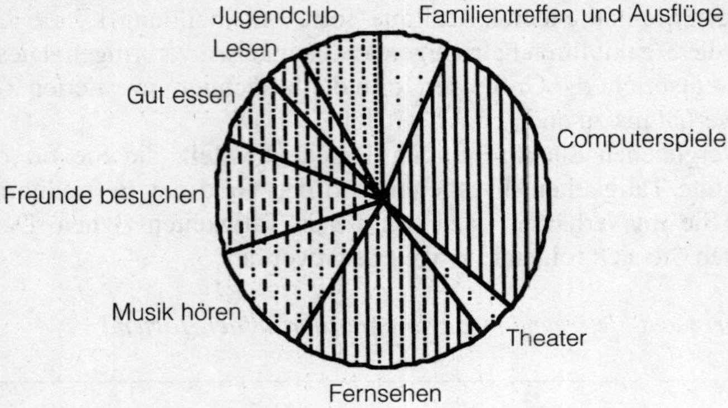

Abb. 1.6 *Erichs „Realtime-Torte"*

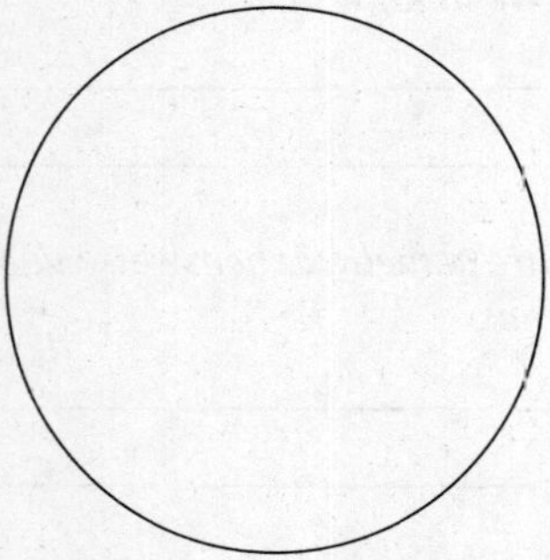

Abb. 1.7 *Ihre „Realtime-Torte"*

Sehen Sie sich noch einmal die Beispieldiagramme an. Vieles, was Ingrid und Erich sehr gerne tun und befriedigend finden, wird durch andere Aktivitäten verdrängt. Jetzt schauen Sie sich bitte noch einmal Ihr Zeitinvestitionsprotokoll an und vergleichen Sie es mit Ihren Zufriedenheits- und „Realtime"-Torten. Beantworten Sie sich die folgenden zwei Fragen:

Gibt es andere befriedigende Tätigkeiten in Ihrem Zeitinvestitionsprotokoll, die nicht in Ihrer Zufriedenheitstorte enthalten sind?

____

____

Ihre „Realtime-Torte“ zeigt, wie viel Zeit Sie Ihrer Meinung nach mit befriedigenden Tätigkeiten verbringen. Ihr Zeitinvestitionsprotokoll zeigt, wie viel Zeit Sie tatsächlich im Laufe einer Woche für alle Tätigkeiten investieren. Wenn Sie einmal darüber nachdenken, was Sie für Ihre investierte Zeit bekommen (Zufriedenheit), welche Veränderungen sollten Sie in der Zukunft möglicherweise vornehmen, um Ihre Zeit besser zu nutzen?

____

____

Bisher sollten Sie sich auf Tätigkeiten konzentrieren, die Sie im Moment tun und die Sie befriedigend finden. Jetzt sollen Sie Ihre Fantasie einsetzen: Wenn es die ideale Welt gäbe, wie würden Sie Ihre Zeit verbringen? Auf der nächsten Seite finden Sie die letzten beiden Torten. Benutzen Sie dieselben Einträge wie in Ihren ursprünglichen beiden Diagrammen und füllen Sie die Zufriedenheitstorte so aus, wie sie Ihrer Meinung nach aussehen sollte, und die „Realtime-Torte“ so, wie diese aussehen sollte.

Wenn Sie Ihre tatsächlichen Diagramme mit den idealen vergleichen, wissen Sie, wo Sie stehen und wo Sie hinwollen. Sie haben nun die wichtigsten Informationen, um Zeitmanagement-Entscheidungen treffen zu können, die es Ihnen ermöglichen, Ihre Zeit so einzuteilen, dass Sie zufriedener sind. Heute ist der erste Tag vom Rest Ihres Lebens – machen Sie das Beste daraus!

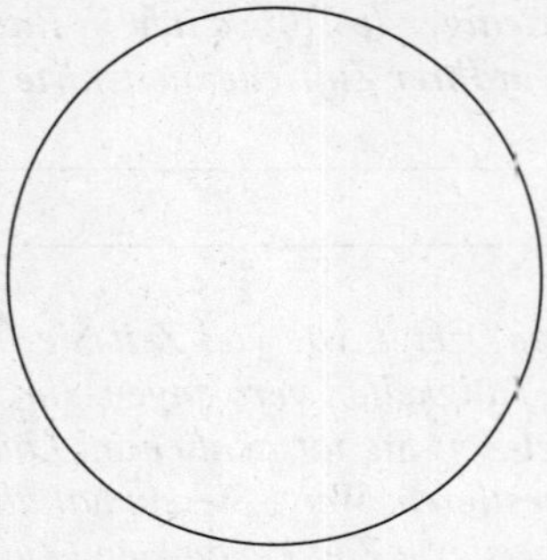

Abb. 1.8 *Ihre ideale Zufriedenheitstorte*

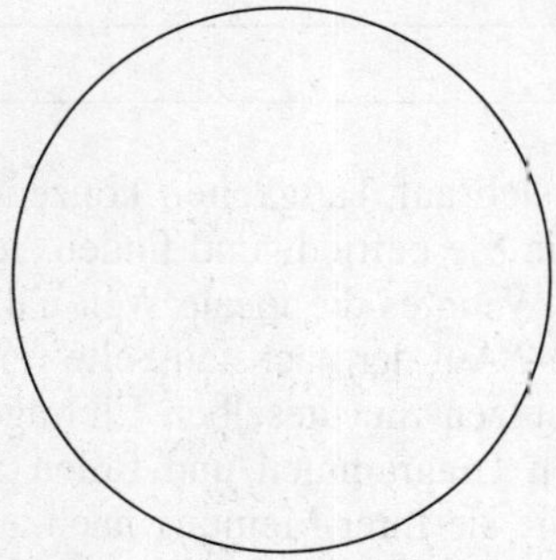

Abb. 1.9 *Ihre ideale „Realtime-Torte"*

Verkaufte Zeit, Wartungszeit und frei verfügbare Zeit

Wir können nicht unsere gesamte Zeit frei einteilen. Es hilft manchmal, sie als „verkaufte Zeit", „Wartungszeit" und „frei verfügbare Zeit" anzusehen. (Diese Einteilung wurde von Jack Loughary von der Universität Oregon entwickelt.)

Verkaufte Zeit ist die Zeit, die wir an einen Arbeitgeber verkaufen oder, falls wir noch Studenten sind, mit Studieren verbringen. Wir tauschen also unsere Zeit gegen Geld oder Qualifikationen, die man als zukünftiges Einkommen ansehen kann. Verkaufte Zeit ist nicht nur die Zeit, die wir tatsächlich mit Arbeit oder Studieren verbringen. Es gehört auch die Zeit dazu, die wir damit verbringen, unsere Arbeit zu organisieren oder uns auf sie vorzubereiten, Reisezeiten, Zeiten für Hausarbeit und so weiter.

Wartungszeit ist die Zeit, die wir damit verbringen, unser Leben in Ordnung zu halten. Es ist die Zeit, die wir benötigen, um die notwendigen Aufgaben zu erledigen, die uns am Leben erhalten – essen und schlafen zum Beispiel. Dazu gehört auch die Zeit, die wir zur „Wartung" unserer Mitmenschen investieren, z.B. beim Kochen und Putzen, beim Einkaufen, bei der Pflege von Familienmitgliedern etc.

Frei verfügbare Zeit ist die restliche Zeit. Das ist die Zeit, über deren Verwendung wir frei entscheiden können.

Schauen Sie sich Ihr Zeitinvestitionsprotokoll noch einmal an und füllen Sie die drei Tabellen 1.5 bis 1.7 aus, wobei Sie zwischen verkaufter Zeit, Wartungszeit und frei verfügbarer Zeit unterscheiden. Sie werden feststellen, dass einige Tätigkeiten schwer einzuordnen sind. So können z.B. kochen, die Kinder baden oder einkaufen sowohl Wartungszeit als auch frei verfügbare Zeit sein; das hängt davon ab, ob Ihnen die Tätigkeit Spaß macht und ob Sie sich frei dazu entschieden haben.

Schreiben Sie unter jede einzelne Kategorie die dazugehörigen Tätigkeiten. Scheiben Sie auf, wie viel Zeit Sie pro Tag für jede einzelne Tätigkeit investieren. Rechnen Sie aus, wie viel Zeit Sie insgesamt pro Tag für die einzelnen Kategorien investieren und tragen Sie diese Summe in das entsprechende Feld unter der Tabelle ein. Dann tragen Sie die Wochensumme pro Kategorie ein.

Sie sollten jetzt ein klares Bild von den Tagessummen pro Kategorie und eine Wochensumme pro Kategorie haben. Auf den nächsten Seiten finden Sie Beispiele, wie solche Tabellen aussehen können.

Wenn möglich, überreden Sie ein paar Freunde oder Kollegen, ebenfalls solche Tabellen auszufüllen, so dass Sie sie miteinander vergleichen können. Menschen leben ganz unterschiedlich. Es gibt kein Richtig und kein Falsch. Doch innerhalb der einzelnen Muster gibt es meistens noch Spielraum für Veränderungen. Die meisten von uns würden dort, wo es möglich ist, ihre frei verfügbare Zeit vergrößern, weil das die Zeit ist, in der wir frei entscheiden können, das zu tun, was wir wollen, um möglichst unsere Lebenszufriedenheit zu vergrößern.

Tabelle 1.5 *Verkaufte Zeit*

	Mo	Di	Mi	Do	Fr	Sa	So
Summe							
Wochensumme							

Tabelle 1.6 *Wartungszeit*

	Mo	Di	Mi	Do	Fr	Sa	So
Summe							
Wochensumme							

Tabelle 1.7 *Frei verfügbare Zeit*

	Mo	Di	Mi	Do	Fr	Sa	So
Summe							
Wochensumme							

Tabelle 1.8 *Michaels verkaufte Zeit*

	Mo	Di	Mi	Do	Fr	Sa	So
	7.40 Uhr Fahrt zur Arbeit 8.30–17.30 Arbeit Fahrtzeit: 40 min. Arbeit zu Hause: 1 Stunde	7.30–20.30 Uhr Arbeit (inkl. Fahrt)	7.30–17.45 Uhr Arbeit (plus Fahrt: 40 Min.) Arbeit zu Hause: 1 Stunde	7.30–17.20 Uhr Arbeit Fahrtzeit: 40 Min.	7.30–17.40 Uhr Arbeit und Fahrtzeit		
Summe	11.50	13.00	11.50	10.30	10.10	Keine	Keine
Wochensumme	57.20						

Tabelle 1.9 *Michaels Wartungszeit*

	Mo	Di	Mi	Do	Fr	Sa	So
	7 Uhr Aufstehen, Anziehen: 20 Min. Frühstück: 15 Min. ins Bett: 22 Uhr	6.30 Uhr Aufstehen, Anziehen: 1 Stunde Kein Abendbrot, ausgieb. Mittag ins Bett: 21 Uhr	7 Uhr Aufstehen, Anziehen: 35 Min. Einkaufen am Abend: 1 Stunde ins Bett: 21 Uhr	6.30–7.30 Uhr Aufstehen, Anziehen: 1 Stunde Fertigm. z. Ausgeh.: 1 Stunde ins Bett: Mitter-nacht	7 Uhr Aufstehen, Anziehen: 1 Stunde ins Bett: 22.30 Uhr	9 Uhr Aufstehen, Baden: 10.30 Uhr Mittag-essen 1,5 Std. Abendbrot 1 Stunde ins Bett 22.30 Uhr	10.30 Uhr Aufstehen Brunch: 1 Stunde Auto waschen: 1 Stunde Kochen und essen: 1,75 Std. ins Bett: 23 Uhr
Summe	10.05	9.30	11.35	11.00	8.00	14.30	16.45
Wochensumme	81.25						

Tabelle 1.10 *Michaels frei verfügbare Zeit*

	Mo	Di	Mi	Do	Fr	Sa	So
	Auswärts gegessen: 2 Std.	Fernsehen: 30 Min.	Geredet und zu Hause etwas getrunken: 1,5 Std.	Auswärts gegessen: 4,5 Std.	CDs gehört: 1,5 Std. Fernsehen, Kafee: 1 Std. Gitarre: 20 Min. Briefe geschrieben: 1.20 Std.	Feiertagsvorb.: 1,5 Std. Geschenke gekauft: 3 Std. Videorekorder zusammenbauen: 1,5 Std. Bastelarb.: 4 Std.	Feiertag Dekoration und Essen: 3 Std. Kamin angefeuert: 0,5 Std. Eltern besucht: 1,5 Std. Gelesen: 1,5 Std.
Summe	2.00	0.30	1.30	4.30	6.10	9.00	6.30
Wochensumme	30.10						

Denken Sie einmal über Ihre drei Tabellen nach. Können Sie an Ihrer verkauften und an der Wartungszeit etwas ändern, um Ihre frei verfügbare Zeit zu erhöhen? Notieren Sie Ihre Ideen.

____

____

Eine Steigerung der frei verfügbaren Zeit erfordert offensichtlich eine Reduzierung der Wartungszeit oder der verkauften Zeit. Wir könnten Zeit für aktive körperliche Betätigungen einsparen, um mehr Zeit für Unterhaltungen oder zum Lesen zu haben, aber das könnte möglicherweise nicht ratsam oder sogar unakzeptabel sein. Eine Möglichkeit, die frei verfügbare Zeit zu erhöhen, besteht darin, unsere verkaufte Zeit und die Wartungszeit effektiver zu nutzen – also weniger zu verbrauchen. Das heißt, dass wir uns auch über „Zeitfresser" und „Zeitdiebe" klar werden müssen. Wenn Sie die identifizieren, sollten Sie mehr Zeit für Dinge haben, die Ihnen Spaß machen.

Prioritäten setzen

Wir haben pro Tag nur 24 Stunden zur Verfügung. Zeit ist begrenzt, aber die Anforderungen an unsere Zeit sind unbegrenzt. Wenn wir nicht einfach nur auf bestimmte Ansprüche reagieren wollen, müssen wir entscheiden, wofür wir unsere Zeit investieren wollen, mit anderen Worten: Wir müssen Prioritäten setzen. Sie haben vergangene Woche analysiert, wie Sie letzte Woche Ihre Zeit investiert haben. Jetzt können Sie darüber nachdenken, wie Sie nächste Woche Ihre Zeit investieren wollen.

Stellen Sie eine Prioritätenliste auf

Notieren Sie alle Ideen, die Ihnen zu den folgenden beiden Überschriften einfallen. Sie brauchen pro Überschrift etwa drei Minuten. Schreiben Sie Ihre Antworten in beliebiger Reihenfolge auf, gerade so, wie sie Ihnen in den Sinn kommen.

Was ich nächste Woche erledigen muss:

Was ich nächste Woche tun möchte:

Nehmen Sie sich jede Liste nacheinander vor und wählen Sie die wichtigsten Punkte aus, die Sie nächste Woche tun müssen oder tun möchten.

Anschließend sehen Sie sich an, für welche Aufgaben Sie sich entschieden haben. Fragen Sie sich, welchen Tätigkeiten Sie die größte Priorität verleihen wollen. Bedenken Sie alle möglichen Auswirkungen, die es hat, wenn Sie einer bestimmten Tätigkeit höchste Priorität verleihen. Analysieren Sie sorgfältig alle Faktoren, die dafür sprechen, und alle, die dagegen sprechen, und dann entscheiden Sie, welche Tätigkeit an Nummer eins stehen soll. Sortieren Sie die Tätigkeiten nach ihrer Wichtigkeit.

Prioritäten für diese Woche

Jetzt, wo Sie Ihre Prioritätenliste aufgestellt haben, sollten Sie sich vielleicht eine Kopie davon für die nächste Woche an einen gut sichtbaren Ort hängen. Gehen Sie die Liste im Laufe der Woche zwei- oder dreimal durch und streichen Sie die Punkte durch, die Sie erledigt haben. Alles, was Sie am Ende der Woche noch nicht erledigt haben, können Sie in Ihre Prioritätenliste für die nächste Woche aufnehmen.

Am Ende der Woche sollten Sie sich Ihre Liste noch einmal ansehen und die folgenden Fragen beantworten. Wenn es Ihnen hilft, können Sie auch mit einem Freund oder Kollegen darüber sprechen, ob Sie das Gefühl hatten, dass es Ihnen geholfen hat, Prioritäten festzulegen und so den Ablauf der Woche selbst zu bestimmen.

Wie bewusst waren Ihnen Ihre Prioritäten im Verlauf der Woche?

____

____

Über wie viel Zeit bestimmen Sie selbst?

____

____

Sind Sie proaktiv oder reaktiv? (Planen Sie Ihre Zeit aktiv oder haben Sie den Eindruck, dass andere Ihre Zeit planen?)

____

____

Wir haben uns nun mit dem Thema Prioritätensetzung beschäftigt und verschiedene Techniken dazu vorgestellt. Im nächsten Kapitel stellen wir eine weitere nützliche Technik zur Festlegung von Prioritäten nach ihrer Wichtigkeit vor.

2. Jenseits der Grundlagen

Dieses Kapitel basiert auf den Grundlagen des Zeitmanagements, die wir im vorigen Kapitel gelegt haben. Es basiert auf dem Einsatz von Zeitplanbüchern und Terminkalendern. Dies sind wertvolle Planungsinstrumente, die inzwischen auch in elektronischen Formaten erhältlich sind, z.B. im Taschenformat, als Laptop oder für den PC. Die in diesem Kapitel vorgestellten Grundkonzepte gelten für alle Zeitplaner. Sie sollten Ihren Zeitplaner danach aussuchen, welche Informationen und wie viele Informationen Sie eintragen wollen, und nach Ihrem persönlichen Arbeitsstil.

Ihr persönlicher Informationsbedarf hängt natürlich zu einem großen Teil davon ab, für welche Art von Managementfunktionen Sie verantwortlich sind. Hier eine Faustregel: Beginnen Sie mit einem herkömmlichen Terminkalender, wenn Sie zunächst einmal Erfahrungen im effektiven Zeitmanagement sammeln möchten. Wenn erforderlich, können Sie später immer noch auf ein elektronisches System umsteigen, was für die meisten ohne große Probleme zu bewältigen ist.

Sie werden in diesem Kapitel außerdem dazu aufgefordert, Freizeit und andere Interessen außerhalb der Arbeitszeit in Ihr Zeitmanagement zu integrieren. Wenn Sie diese Bereiche bisher nicht im Zusammenhang mit Ihren Verpflichtungen bei der Arbeit gesehen haben, ist jetzt der richtige Zeitpunkt, Ihre Einstellung diesbezüglich zu ändern. Eine Kernaussage dieses Kapitels ist, dass Freizeit und persönliche Wertvorstellungen genauso von systematischer und sorgfältiger Planung profitieren wie berufliche Verpflichtungen.

Sinnvolle Listen aufstellen

Wir alle müssen im täglichen Leben wichtige Dinge erledigen, aber wie können wir behalten, wie und wann wir sie tun müssen? Eine Möglichkeit ist die, sich auf sein Gedächtnis zu verlassen, leider ist das keine sehr zuverlässige Methode. Es kann sogar Stress verursachen, wenn man versucht, sich lange Listen mit unerledigten Aufgaben zu merken. Sie könnten sich darauf verlassen, dass jemand anders Sie an diese Verpflichtungen erinnert, doch das bedeutet, die Verantwortung für Ihr Leben auf jemanden anders zu übertragen. Das ist kein selbstgesteuertes Verhalten! Eine sehr gute und befriedigende Art, sicherzustellen, dass man wichtige Aufgaben auch wirklich erledigt, besteht darin, Listen anzufertigen.

Manche finden es ermüdend und langweilig und betrachten es eher als Zeitverschwendung und nicht als Mittel zur Zeitersparnis. Wägen Sie für sich persönlich einmal die Vor- und Nachteile von Listen ab – wenn Sie noch keine Listen führen, probieren Sie es einmal aus. Ein paar Vorteile haben wir bereits aufgelistet, aber Sie haben auch die Möglichkeit, eigene Erfahrungen hinzuzufügen. Wenn Sie die Vorteile und Nachteile, die Sie selbst entdecken, in diese Übersicht eintragen, werden Sie schnell herausfinden, ob Listen für Sie sinnvoll sind oder nicht.

Tabelle 2.1 *Listen als Zeitmanagement-Werkzeug*

Vorteile	Nachteile
Man hat keine Angst mehr, etwas zu vergessen.	
Was man aufgeschrieben hat, vergisst man nicht.	
Hilft einem herauszufinden, was wichtig ist.	
Zeigt Ihnen sofort, was Sie bereits geschafft haben.	

Vielleicht haben Sie auch ein paar Nachteile gefunden, z.B.: Es dauert zu lange, Listen aufzustellen; sie vermitteln den Eindruck, man sein pingelig oder schusselig; sie sind unübersichtlich; was passiert, wenn man sie verliert? Trotz dieser Nachteile finden viele, dass Listen sehr wichtig sind. Deshalb finden Sie im Folgenden ein paar Tipps zum Aufstellen sinnvoller Listen.

Der erste Schritt

Wir empfehlen, dass Sie diese Übung am Ende eines Tages machen, wenn Sie den nächsten Tag planen können. Überlegen Sie sich einmal fünf Minuten lang, was Sie morgen gerne schaffen würden. Stellen Sie eine Liste der Dinge auf, die Sie morgen machen *müssen,* und eine Liste mit Dingen, die Sie morgen machen *möchten.*

Dinge, die ich morgen erledigen muss:

____

____

Dinge, die ich morgen erledigen möchte:

____

____

Sehen Sie sich Ihre Liste noch einmal an und schreiben Sie neben jede Aufgabe ein A, B oder C:

A für Dinge, die Sie morgen tun möchten oder müssen,
B für Dinge, die Sie tun sollten oder gerne am Ende des Tages tun würden, wenn dann noch Zeit dafür ist,
C für Dinge, die Sie am Ende des Tages gerne tun würden, die aber nicht wichtig sind.

Dann sehen Sie sich alle Aufgaben an, neben die Sie ein A geschrieben haben. Ordnen Sie sie je nach Wichtigkeit und bezeichnen Sie sie mit A1, A2 usw. Schätzen Sie die Zeit, die Sie für alle Punkte auf der A-Liste brauchen. Wenn Sie noch Zeit hätten, welchem Punkt auf der B-Liste würden Sie die höchste Priorität geben und welchem die zweithöchste? Planen Sie Ihren morgigen Tag so, dass Sie alle Aufgaben auf der A-Liste und einige der Aufgaben auf der B-Liste erledigen können, falls dann noch Zeit ist. An manchen Tagen kommen Sie vielleicht sogar bis zur C-Liste. Am Ende jedes Tages sollten Sie sich ansehen, was Sie geschafft haben, und dann Ihren nächsten Tag planen.

Vielleicht finden Sie, dass diese Art der Planung eigentlich nicht Ihren Bedürfnissen entspricht, deshalb hier ein paar Tipps, wie Sie diesen Vorgang erleichtern können. Behalten Sie folgende Punkte während der Testwoche immer im Hinterkopf:

- Erstellen Sie Ihre Liste immer am Ende des Tages, während Sie noch über die Aufgaben für den nächsten Tag nachdenken. Listen helfen Ihnen abzuschalten, weil Sie den Druck von Ihnen nehmen, an etwas denken zu müssen.
- Streichen Sie Aufgaben durch, die Sie erledigt haben. Belohnen Sie sich zwischendurch, wenn Sie bestimmte Aufgaben erledigt haben.
- Fragen Sie sich immer wieder: „Investiere ich zu viel Zeit in B- und C-Aufgaben?"
- Wenn neue Aufgaben erledigt werden müssen/sollen, tragen Sie sie in die Liste ein und vergeben Sie – je nach Wichtigkeit – den richtigen Buchstaben.
- Halten Sie zwischen Aufgaben, die Sie tun müssen, und solchen, die Sie tun möchten, möglichst das Gleichgewicht. Es ist wichtig, dass Sie auch auf Ihre eigenen Bedürfnisse achten.
- Fragen Sie sich immer wieder: „Tue ich gerade, was ich im Moment tun möchte?"
- Schieben Sie unangenehme Aufgaben nicht auf, davon werden sie auch nicht einfacher! Erledigen Sie sie möglichst bald, damit sie Sie nicht belasten.
- Verbinden Sie die Erledigung einer A-Aufgabe, die Sie tun „müssen", mit einer, die Sie tun „möchten".
- Übertragen Sie unerledigte Aufgaben von heute in Ihre Liste für morgen.
- Wenn eine C-Aufgabe mehr als drei oder vier Tage auf Ihrer Liste steht, werten Sie sie entweder zu einer B- oder A-Aufgabe auf oder streichen Sie sie von Ihrer Liste.
- Vergessen Sie nicht, notwendige „Denkpausen" einzuplanen.

- Aufgaben wie einkaufen oder Berichte schreiben dauern häufig länger, als man denkt, planen Sie, wenn möglich, Pufferzeiten ein (ca. 20 Prozent zusätzlich).
- Setzen Sie kleine C-Aufgaben als Energieschub ein oder erledigen Sie eine davon gleich morgens, damit Sie schwungvoll in den Tag starten.

Beantworten Sie am Ende der Testwoche folgende Fragen:

Wie hilft mir eine Liste?

____

____

Wie behindert sie mich?

____

____

Habe ich etwas vergessen?

____

____

Habe ich mehr geschafft? Wenn ja, warum?

____

____

Was habe ich während der Woche, wo ich die Liste geführt habe, anders gemacht?

____

____

Sicher haben Sie das Bedürfnis, Ihre Technik Ihren persönlichen Ansprüchen anzupassen. Aber wenn Sie durchhalten, werden Sie feststellen, dass das Aufstellen von Listen und das Setzen von Prioritäten mächtige Werkzeuge für Ihr Zeitmanagement sind.

Während Sie Ihre Zeitmanagement-Techniken verbessern, werden Sie feststellen, dass Sie schon eine Reihe von Listen und Übersichten produziert haben. Dies sind die wichtigsten Werkzeuge, mit denen Sie Ihre Zeit planen. Genau wie bei anderen Werkzeugen sollten Sie dafür sorgen, dass Sie sie immer beisammen halten, vielleicht in einem Kalender oder Zeitplanbuch.

Die meisten von Ihnen sind mit Organizern oder Zeitplanern sicher vertraut. In einem solchen Planer können Sie Ihre täglichen Listen führen und haben zusätzlich Platz für Protokolle und Übersichten. Um seine Zeit richtig zu planen, ist ein solches Buch unverzichtbar. Wenn Sie möchten, können Sie auch etwas Umfangreicheres, wie z.B. einen Aktenordner oder einen Karteikasten, benutzen. Sie eignen sich hervorragend, um viele Informationen aufzubewahren, sind für eine detaillierte Planung jedoch nicht so geeignet.

Ein Zeitplaner muss nicht teuer sein; Sie können einfach ein Notizbuch kaufen und es selbst für Ihre Bedürfnisse anpassen. Andererseits sehen richtige Zeitplaner sehr schön aus und bieten vorgedruckte Seiten und Tabellen. Ein großer Vorteil der meisten Planer ist, dass es sich um Loseblattsammlungen handelt, so dass Sie Seiten nach Belieben umgruppieren und hinzufügen können. Ein möglicher Nachteil von Zeitplanern ist ihre Größe; manche sind ziemlich dick. Wenn das für Sie ein Problem ist, entscheiden Sie sich für einen kleinen, leichten Taschenkalender für wichtige Informationen, die Sie immer bei sich haben müssen, und ein größeres Notizbuch für langfristigere Planungen, Übersichten und Diagramme.

Vielleicht möchten Sie zu Hause einen Karteikasten benutzen und am Arbeitsplatz einen Zeitplaner. Vielleicht reicht ein kleiner Taschenkalender, wenn Sie andere Informationen auf einer großen Wandtafel in Ihrem Büro notieren können. Wichtig ist, dass Sie etwas finden, das Ihren Bedürfnissen gerecht wird.

Sie können hier eine Liste mit Dingen zusammenstellen, die Sie in Ihren Zeitplaner aufnehmen möchten.

____

____

Was für Notizen möchten Sie in Ihrem Zeitplaner führen? Möchten Sie nur Verabredungen eintragen oder auch Entscheidungen, die getroffen werden müssen? Wenn Sie auch Entscheidungen eintragen, haben Sie den Vorteil, dass Sie Ihre Zeit konstruktiver einsetzen können, weil Sie nicht tagelang über Entscheidungen nachzudenken brauchen, die Sie erst in der Zukunft fällen müssen.

Die Gestaltung der einzelnen Seiten

Auf den folgenden Seiten finden Sie zwei Gestaltungsbeispiele für Timer-Seiten. Im ersten Beispiel finden Sie eine Wochenübersicht, die sowohl berufliche als auch Termine außerhalb der Arbeitszeit enthält. Das zweite Beispiel ist eine Tagesübersicht, die überwiegend Eintragungen für den Arbeitstag enthält. Vielleicht ist es sinnvoll, dass Sie mehr als einen Planer führen, vor allem, wenn Sie nicht nur einen komplexen Berufsalltag, sondern auch ein umfangreiches Sozialleben haben. Wenn Sie z.B. politisch oder sozial sehr engagiert sind, könnte es sinnvoll sein, dafür einen gesonderten Planer zu verwenden.

Sammeln Sie alle Ihre Übersichten und Listen zusammen, die Sie für Ihre Zeitplanung bisher produziert haben. Sortieren Sie sie danach, welche in den Kalenderteil kommen sollen und welche in den Planungsteil. Hier ein Beispiel, wie Sie diese Aufteilung vornehmen könnten.

Ihr Zeitplaner enthält alles, was Sie für die Planung eines befriedigenden Lebens benötigen. Denken Sie daran, dass er Ihnen aber nur hilft, wenn Sie ihn auch wirklich benutzen. Versuchen Sie, sich pro Woche einen bestimmten Zeitpunkt einzurichten, an dem Sie Ihre Aktivitäten planen.

Tabelle 2.2 *Wochenübersicht*

	Mo	Di	Mi	Do	Fr	Sa	So
Morgen	Papiere für Nachm. Konferenz vorber.	Zu Hause gearbeitet	9–12 Bericht für Geschäfts–führertreffen vorbereiten		Zum Möbel-kaufen nach Hamburg	Mit den Kindern Schuhe gekauft	Waschen Bügeln
Nachm.	12–14 Meeting	Zu Hause gearbeitet	Mit Ina gegessen	13–16 Seminar teilgen.	Mittag mit Georg		Spazier-gang mit d. Kindern
Abend	TV gesehen	Essen f. Christine gekocht und ge–klönt	Küchen–stühle ge–schliffen und ange–strichen	Abend–einkauf	Vor dem Fernseher einge-schlafen	Leckeres Gericht aus dem neuen Buch gekocht	Stuhlbeine gestrichen

Tabelle 2.3 *Tagesübersicht*

		Maßnahmen
	06.00	
	07.00	Gespräche
	08.00	Mike: Bericht
Präsentation vorbereiten	09.00	Lisa: Notizen für Präsentation
	10.00	Dennis: Ideen für neues Programm
	11.00	Telefonate
Telefonate	12.00	Janine Gross – Bewerbungsgespr.
Mittagessen	13.00	Maria wg. Mittagessen
Präsentation	14.00	Tennisplatz reservieren
	15.00	
Mike: Meeting durchsprechen	16.00	Briefe
Diktat	17.00	Protokoll: Vorstandssitzung
	18.00	Meeting (siehe Pläne)
Tennis – Jan	19.00	Matthias Schmidt wg. Reservierung
	20.00	Notizen
	21.00	Rechnungen überweisen
	22.00	Haushaltsbuch führen
	23.00	Briefpapier, Stifte, Ordner bestellen
	24.00	

Tabelle 2.4 *Einteilung des Zeitplaners*

Kalender	Planer
Prioritätenliste für die Woche	Zeitinvestitionsprotokoll
Monatskalender	Aktivitäten-Übersicht (in prozentualen Anteilen)
Wochenkalender	Zufriedenheits-Torte
Jahreskalender	„Realtime-Torte"
	Übersichten über die sinnvolle Nutzung dieser Woche
	Motivierende Zitate oder Gedanken

Eine effiziente Arbeitsumgebung schaffen

Eines der Ziele dieses Kapitels besteht darin, Ihnen zu zeigen, wie ein gut organisierter Arbeitsplatz – das kann ein Büro oder ein Arbeitszimmer sein – Ihnen bei Ihrer Zeitplanung helfen kann. Obwohl wir in diesem Abschnitt von „Büro" und „Schreibtisch" sprechen, gelten dieselben Kriterien für eine gute Arbeitsumgebung auch für den Wohnbereich. Denken Sie nur an den Unterschied zwischen einer sauberen, gut organisierten Küche und einer schmuddeligen, chaotischen Küche. Hausarbeit muss genauso organisiert werden wie Büroarbeit!

Stellen Sie sich vor, Sie hätten morgen eine wichtige, komplizierte und umfangreiche Aufgabe zu erledigen. Was würde Ihnen den Beginn mit dieser Aufgabe erleichtern und angenehm machen? Wir meinen, dass folgende Faktoren wichtig sind:

- Ein *aufgeräumter Arbeitsplatz bzw. Schreibtisch* – so können Sie sich voll und ganz auf die Aufgabe konzentrieren.

- *Die richtigen Werkzeuge für diese Aufgabe* – damit Sie keine Zeit verschwenden, achten Sie darauf, dass Sie die richtigen Hilfsmittel – Bücher, Briefpapier, Informationen, Akten, Daten – zur Hand haben, bevor Sie anfangen.
- *Ruhe (wenn möglich)* – fangen Sie keine wichtigen Aufgaben an, wenn Sie wissen, dass Sie Besuch bekommen, dass die Kinder auf dem Weg von der Schule nach Hause sind oder das Telefon heute besonders häufig läuten wird.
- *Ein bequemer Arbeitsplatz* – Sie können sich nicht konzentrieren, wenn Ihnen der Rücken wehtut oder die Augen brennen. Sorgen Sie möglichst für gutes Licht, einen bequemen Stuhl und eine Arbeitsfläche in der richtigen Höhe.
- *Ein Lieblingsbild an der Wand oder frische Blumen auf dem Schreibtisch* – wenn Sie eine Pause brauchen, schauen Sie sich diese Objekte an und lassen Sie Ihre Gedanken wandern. Das fördert die Entspannung.

Natürlich sollten Sie versuchen, immer gut organisiert zu sein, nicht nur, wenn Sie wichtige Aufgaben erledigen müssen! Genau zu wissen, wo jedes Ding liegt, kann Stunden sparen.

Die Grundlage für eine effiziente Bewältigung der meisten Tätigkeiten ist ein gutes Ablagesystem. Das muss gar nicht so hoch technisch sein; die meisten Menschen sortieren auch ihre Haushaltsgegenstände – z.B. Reinigungsmaterial in dem einen Schrank, Nahrungsmittel in dem anderen. Ein Ablagesystem kann alles Mögliche sein: von Rechnungen, die Sie in einen Schuhkarton legen, über Urlaubsbilder, die Sie in ein Album einkleben, bis hin zu den komplizierteren Ablagesytemen, die man in Büros findet.

Ablagesysteme

Eine hervorragende Möglichkeit, Informationen aufzubewahren, besteht darin, sie in unterschiedliche Kategorien einzusortieren. wenn Sie am Arbeitsplatz nicht schon mit einem effizienten Ablagesystem arbeiten, könnten Sie einmal die folgenden sechs Kategorien ausprobieren. Zu Hause werden Ihnen wahrscheinlich zwei oder drei dieser Kategorien ausreichen. Benutzen Sie Ordner oder Kartons, um die einzelnen Kategorien zu trennen.

Tabelle 2.5 *Ablage-Kategorien*

Ablage	Aufgaben, die erledigt sind, aber aufbewahrt werden müssen.
Sofort erledigen	Sachen, um die Sie sich heute kümmern müssen.
Bald erledigen	Aufgaben, die bald erledigt werden müssen, aber noch nicht eilig sind.
Lesen	Unterlagen, Zeitschriften, Berichte.
Weiterleiten	Informationen, die mit Kommentar oder Empfehlung an eine andere Person weitergeleitet werden müssen.
Informationen abwarten	Aufgaben, zu deren Erledigung Sie noch Informationen benötigen.

Wenn dieses System funktioniert, werden Sie feststellen, dass die meisten Aufgaben eine oder vielleicht sogar alle dieser Kategorien durchlaufen. Ein Artikel, den Sie lesen müssen, kommt herein. Sie entdecken etwas, das einen Kollegen interessieren würde, und legen den Artikel in die Ablage „Bald erledigen". Am nächsten Tag legen Sie den Artikel in die Ablage „Sofort erledigen". Sie schreiben eine Notiz, fügen eine Kopie des Artikels bei und legen den Originalartikel und eine Kopie Ihrer Notiz in die Ablage „Informationen abwarten". Ihr Bekannter schreibt zurück, bedankt sich und dann können Sie den Artikel ablegen.

Eingangskörbe und Ausgangskörbe

Ablagekörbe können sehr nützlich sein, um Ihre Papiere beisammenzuhalten. Achten Sie darauf, dass eingehende Briefe, Nachrichten oder Berichte sofort in den Eingangskorb gelegt werden. Schauen Sie regelmäßig in diese Ablage und legen Sie die Unterlagen, wo nötig, in Ihr Ablagesystem. Wenn Ihre Post versandfertig ist oder einer anderen Person direkt übergeben werden soll, legen Sie sie in den Ausgangskorb.

Pinnwände und Wandtafeln

Pinnwände und Wandtafeln sind manchmal sehr nützlich, um Sie sowohl an private als auch an berufliche Dinge zu erinnern. Sie zeigen außerdem Familienmitgliedern und Kollegen, was aktuell ist und was noch erledigt werden muss. Der andere Vorteil von solchen Übersichten ist der, dass Sie sie so bunt und leuchtend gestalten können, wie Sie möchten. Gut organisiert zu sein heisst nicht, langweilig zu sein!

Bevor wir fortfahren, denken Sie auch an die anderen wichtigen Ablagemöglichkeiten – den Papierkorb! Manche Informationen sind es einfach nicht wert, aufbewahrt zu werden. Jedes Mal, wenn Sie ein Stück Papier erhalten, fragen Sie sich: „Muss ich das aufbewahren?“ Wenn nicht, werfen Sie es weg!

Jetzt, wo Sie unsere Ideen und Tipps durchgearbeitet haben, entscheiden Sie sich für diejenigen, die Sie für sinnvoll halten.

Gibt es jetzt schon etwas, das Sie an der Art und Weise, wie Sie Dinge organisieren, verbessern können?

___

___

Zeitdiebe und wie man sie stellt

Ein „Zeitdieb“ ist eine Person oder eine Aufgabe, die uns eines wertvollen Gutes beraubt – Zeit, Dinge zu tun, die wir gerne tun. Zeitdiebe gibt es in allen Formen und Größen; sie können körperlich oder geistig sein; sie können selbst gemacht oder durch andere verursacht sein. Wichtig ist, dass wir sie erkennen; dann können wir lernen, ihnen zu widerstehen und mit ihnen fertig zu werden.

Überlegen Sie einmal in Ruhe, was Sie davon abhält oder Sie dabei behindert, das zu tun, was Sie tun möchten oder müssen. Gibt es einen Nachbarn oder Kollegen, der Sie ständig in Gespräche verwickelt? Versuchen Sie, zu viele Dinge zur selben Zeit zu tun? Ist Ihr Büro bzw. Arbeitsplatz schlecht organisiert? Notieren Sie alle Zeitdiebe, die Ihnen in den Sinn kommen.

____

____

Zeitdiebe und Zeitjäger

Unsere eigenen Zeitdiebe sind so sehr Teil unseres Lebens geworden, dass es manchmal zu schwierig ist, sie loszuwerden. Vielleicht sind es auch einfach zu viele, um sich überhaupt mit ihnen auseinander setzen zu können. Gehen Sie noch einmal die Liste mit den Zeitdieben in Tabelle 2.6 durch und fragen Sie sich bei jedem Punkt „Bin ich die Ursache?“ Wenn Sie selbst der Zeitdieb sind, machen Sie ein Kreuz in das Feld und sehen Sie sich die vorgeschlagenen Gegenmaßnahmen bzw. „Zeitjäger“ an. Ein Zeitjäger ist eine Möglichkeit, Zeitdiebe dingfest zu machen!

Denken Sie jetzt einmal über Veränderungen nach, die Sie vornehmen können, um Zeitdiebe dingfest zu machen. Notieren Sie sie hier:

____

____

Tabelle 2.6 *Zeitdiebe*

Zeitdiebe	Bin ich die Ursache?	Zeitjäger
Ich verbringe zu viel Zeit damit, mit Leuten zu reden, die ich nicht loswerde		Lernen Sie, sich durchzusetzen. Sagen Sie: „Ich möchte nicht unhöflich sein, aber ich muss wieder an die Arbeit.“
Ich lasse mich leicht ablenken. Mir fehlt die Selbstdisziplin		Machen Sie sich Aktivitätenpläne und halten Sie sich dran. Belohnen Sie sich für gutes Zeitmanagement.
Meine Kollegen/Freunde/Kinder unterbrechen mich ständig		Machen Sie allen klar, wenn Sie nicht gestört werden möchten. Richten Sie regelmäßige „Ruhezeiten“ ein, die andere anerkennen.
Ich lade mir zu viel Arbeit auf		Lernen Sie, höflich „Nein“ zu sagen. Entschieden zu sein heißt nicht, unhöflich zu sein.
Ich habe immer zu wenig Zeit. Ich bin immer in Eile und komme oft zu spät		Überlegen Sie genau, was Sie tun müssen und wie lange es dauert. Dann kalkulieren Sie 20 % Pufferzeit ein.
Ich gerate leicht in Panik und versuche, alles gleichzeitig zu erledigen		Setzen Sie Prioritäten! Investieren Sie fünf Minuten und überlegen Sie genau, was erledigt werden muss und was noch Zeit hat. Arbeiten Sie sich von oben nach unten durch Ihre Liste.
Ich suche stundenlang nach Unterlagen und Akten		Sie müssen Ihren Arbeitsplatz besser organisieren. Lesen Sie sich den Abschnitt über Ablagesysteme noch einmal durch.

Zeit sparen

Wie bereits in Kapitel 1 erörtert, kann man die frei verfügbare Zeit erhöhen, wenn man bei anderen Aktivitäten Zeit spart. Dadurch hat man mehr Zeit für Dinge zur Verfügung, die man tun möchte. Wir können aber auch unser Arbeitspensum erhöhen, ohne die verkaufte Zeit zu vergrößern, wenn wir unsere Arbeit effizienter erledigen. Abgesehen davon, zu wissen, was wir in einem bestimmten Augenblick tun möchten und es dann auch tun, gibt es keine einfachere Regel für das Zeitsparen. Eine effektive Ausnutzung unserer Zeit erreichen wir dann, wenn wir unsere Tätigkeiten analysieren und Möglichkeiten finden, sie überflüssig zu machen oder schneller zu bewältigen.

Schreiben Sie sich jetzt einmal alle Ideen auf, die Ihnen einfallen, wie Sie Zeit sparen können. Es ist zu diesem Zeitpunkt noch nicht nötig, die Ideen zu strukturieren oder in eine Reihenfolge zu bringen.

____

____

Lesen Sie sich jetzt Ihre Ideen noch einmal durch und überlegen Sie, welche Ihnen wohl am besten helfen können, sich mehr frei verfügbare Zeit zu verschaffen. Notieren Sie diese Ideen in Ihrem Zeitplaner und bauen Sie sie in Ihre Zeitplanung mit ein.

Hier ein paar Zeitspartechniken, die sich bei anderen Menschen bewährt haben. Überlegen Sie, ob die eine oder andere davon vielleicht auch Ihnen nützen könnte.

- Nutzen Sie Wartezeiten möglichst konstruktiv. Betrachten Sie Wartezeiten nicht als Ärgernis, sondern als Geschenk. Wenn Sie auf einen Zug, ein Flugzeug oder einen Bus warten müssen oder auch auf eine Verabredung, lesen Sie den Zeitschriftenartikel, den Sie lesen müssen (für solche Fälle sollten Sie immer einen dabei haben), oder das Kapitel in einem Buch, das noch auf Ihrer Lektüreliste steht.
- Kombinieren Sie Tätigkeiten. Halten Sie Ihre wöchentliche Konferenz bei einem netten Mittagessen ab; führen Sie ein Arbeits-

gespräch, während Sie im Park spazieren gehen; verbinden Sie eine Verabredung mit einem Besuch im Fitnessstudio oder einer entspannten Joggingrunde.

- Sorgen Sie dafür, dass jedes Ding seinen Platz hat und auch dort liegt. Alles Notwendige immer gleich zur Hand zu haben, ohne lange suchen zu müssen, ist nicht nur zeitsparend, sondern schont Ihre Nerven.
- Aus demselben Grund sollten Sie ein gutes Ablagesystem pflegen. Unterlagen dann griffbereit zu haben, wenn man sie braucht, ist nicht nur zeitsparend, sondern vermittelt anderen den Eindruck, gut organisiert und vorbereitet zu sein.
- Denken Sie immer daran, dass die erste Ablagemöglichkeit der Papierkorb ist. Fragen Sie sich immer wieder: „Brauche ich dieses Stück Papier wirklich? Was kann schlimmstenfalls passieren, wenn ich es nicht mehr habe?" Horten Sie nichts, was Sie nicht brauchen!
- Bearbeiten Sie jedes Stück Papier nur einmal. Erledigen Sie es sofort oder legen Sie es ab.
- Halten Sie immer ein Notizbuch bereit, damit Ihnen keine Idee verloren geht, nur weil Sie keine Möglichkeit haben, sie zu notieren. Legen Sie sogar einen Notizblock neben Ihr Bett. Es ist erstaunlich, wie viele Problemlösungen uns abends oder nachts einfallen. Wenn wir sie aufschreiben, brauchen wir uns nicht darauf zu konzentrieren, sie zu behalten.
- Verstärken Sie Ihre Zeitsparbemühungen. Belohnen Sie sich mit etwas, das Sie wirklich gerne mögen, wenn Sie eine Aufgabe erledigt haben.
- Wenn in Ihrer Firma gleitende Arbeitszeit gilt oder Sie Ihre Arbeitszeiten frei bestimmen können, nutzen Sie diese Flexibilität, damit Sie nicht zu Stoßzeiten zur Arbeit und nach Hause fahren müssen. Können Sie vielleicht mehr zu Hause arbeiten und online mit dem Büro verbunden sein? Fahrtzeiten zu reduzieren kann zu erheblichen Produktivitätssteigerungen führen und erhöht Ihre Lebensqualität.
- Wenn es möglich ist, ist es besser mit dem Zug zu fahren als mit dem Auto. Sie können im Zug sehr viel Lektüre und Papierkram erledigen. Sie können diese Zeit sogar noch effektiver nutzen, wenn Sie über einen Laptop verfügen.

- Delegieren Sie so viele Aufgaben wie möglich. Das fördert die anderen Mitglieder in Ihrem Team, verbessert Ihren Ruf als Manager (weil es zeigt, dass Sie Vertrauen in Ihre Mitarbeiter und deren Fähigkeiten setzen) und Sie können mehr Aufgaben erledigen, bei denen Ihre Fähigkeiten und Aufmerksamkeit wirklich erforderlich sind.
- Bewerten Sie Ihre frei verfügbare Zeit so wie Ihre bezahlte Arbeitszeit. Lohnt es den Aufwand, quer durch die Stadt zu fahren, nur um in einem billigeren Geschäft einzukaufen?
- Wenn Sie sich diese Geräte leisten können, senken Geschirrspülmaschinen, Mikrowelle, Gefriertruhe etc. Ihre Wartungszeiten und erhöhen die frei verfügbare Zeit. Ist es sinnvoll, eine Haushaltshilfe einzustellen?
- Fragen Sie sich immer wieder: „Nutze ich meine Zeit im Moment optimal?“

Inzwischen haben Sie vielleicht das Gefühl, Spontaneität wäre nun völlig aus Ihrem Leben verbannt. Sie werden aber sehen, dass Sie mehr Zeit für die überraschenden Dinge im Leben haben, wenn Sie die Dinge, die Sie tun müssen, besser planen. Ein gutes Zeitmanagement gibt Ihnen die Möglichkeit, sich besser auf die jeweiligen Aufgaben zu konzentrieren, einen klareren Kopf zu haben und somit entspannter zu leben und mehr Zeit für Entspannung zu haben.

Freizeit

Nun sollten wir uns einmal mit der Art von Zeit beschäftigen, die uns am liebsten endlos zur Verfügung stehen sollte – die frei verfügbare Zeit. Die Zeit, in der wir frei entscheiden können, was wir tun, die Zeit, die wir zur Erholung zur Verfügung haben und die wir verbringen können, wie wir möchten, und in der wir die vielen Ansprüche erfüllen können, die wir haben.

Lassen Sie uns zunächst einmal überlegen, wie viel frei verfügbare Zeit uns zur Verfügung steht. Gibt es eine Möglichkeit, diese Zeitspanne zu vergrößern, indem wir unsere verkaufte Zeit und die Wartungszeit reduzieren? Es gibt noch eine andere Möglichkeit, das Gleichgewicht zwischen verkaufter und frei zur Verfügung stehender Zeit entscheidend zu verändern, nämlich indem man angenehme Tätigkeiten zu „bezahlten“ Tätigkeiten macht, wie z.B. Musiker oder Profi-Sportler es tun. Aber selbst wenn wir aus unserem Hobby keinen Beruf machen können, gibt es, wie erwähnt, Möglichkeiten, unsere frei verfügbare Zeit dadurch zu vergrößern, dass wir unsere verkauften Zeiten und Wartungszeiten organisieren und effizienter gestalten. Auf jeden Fall haben wir dann unsere fest verplante Zeit, soweit es praktikabel ist, reduziert und unsere frei verfügbare Zeit innerhalb unserer persönlichen Lebensumstände so weit wie möglich ausgedehnt.

Die einzige Möglichkeit, wie wir die Befriedigung, die wir aus unserer Freizeit ziehen, vergrößern können, besteht darin, sich aktiv für etwas zu entscheiden. Das Tortenstück „Freizeit“ ist jetzt so groß, wie es maximal werden kann; Sie müssen entscheiden, welche Zutaten daraus das Beste für Sie machen. Es ist daher sinnvoll, sich zunächst einmal darüber klar zu werden, was freie Zeit für Sie bedeutet.

Schreiben Sie alle Definitionen von Freizeit auf, die Ihnen in drei Minuten einfallen.

____

____

Hier einige, die uns eingefallen sind:

- Freizeit ist nur dann attraktiv, wenn wir sie selbst gestalten können.
- Freizeit bedeutet Zeit zum Spielen, Zeit für uns ganz alleine.
- Freizeit ist die Zeit, die uns nach Erledigung der bezahlten Arbeit und Tätigkeiten wie essen und schlafen (Wartungstätigkeiten) übrig bleibt.
- Freizeit ist Erholungszeit – eine Auszeit von der bezahlten Arbeit, um unsere emotionalen, physischen und intellektuellen Akkus wieder aufzuladen.
- Freizeit und Arbeitslosigkeit – wir dürfen den Begriff von „erzwungener Freizeit“ und die damit zusammenhängenden Folgen nicht ignorieren.
- Freizeit ist positive Zeit. Wir können völlig eigenständig bestimmen, wie wir sie nutzen und genießen, und zwar auf jedem beliebigen Anstrengungsniveau.

- Die Freizeitaktivitäten, für die wir uns entscheiden, sind völlig individuell. Die Gründe, sich für die eine oder andere Tätigkeit zu entscheiden, sind subjektiv und vielschichtig.

Was machen Sie am liebsten?

Wenn wir eine klare Vorstellung von den unterschiedlichen Arten von Freizeitbeschäftigung haben, die wir lieben, dann fällt es uns leichter, uns zwischen den verschiedenen Tätigkeiten zu entscheiden. Der Fragebogen in Tabelle 2.7 soll Ihnen helfen, die Aspekte Ihrer Freizeitbeschäftigungen zu identifizieren, die Ihnen am meisten Spaß machen. Lesen Sie jede Aussage sorgfältig durch und entscheiden Sie, wie stark Sie der Aussage zustimmen, wobei Sie den entsprechenden Wert einkreisen. Dabei bedeuten die Zahlen 1 bis 5:

1 = Dem stimme ich überhaupt nicht zu.
2 = Dem stimme ich etwas zu.
3 = Ich bin nicht sicher.
4 = Dem stimme ich zu.
5 = Dem stimme ich voll und ganz zu.

Ziehen Sie unter die ersten drei Gruppen eine Linie. Dieses sind die Haupt-Freizeittypen. Wenn Sie in den Gruppen A, B, C, F, G, I, J, K, L oder M viele Punkte erzielt haben, suchen Sie sich Freizeitbeschäftigungen aus, die Ihre emotionalen und sozialen Bedürfnisse befriedigen – also wie Sie sich fühlen und wie Sie zu anderen stehen. Wenn Sie in den Gruppen E, H, K oder L viele Punkte erzielen, suchen Sie sich Aktivitäten, die Ihre körperlichen Anforderungen erfüllen und Ihr Körperbewusstsein ansprechen. Wenn Sie in den Gruppen C, D, E, I oder M hohe Werte erzielen, konzentrieren Sie sich auf Aktivitäten, die Ihren intellektuellen Ansprüchen gerecht werden – Aktivitäten, die Ihr Denken stimulieren.

Sind Sie überrascht, welche Freizeitwünsche Sie mit diesem Fragebogen identifiziert haben?

Tabelle 2.7 *Fragebogen Freizeitgestaltung*

Interessengruppe A					Mit Menschen zusammen sein
1	2	3	4	5	Ich halte mich gerne in einer Menschenmenge auf.
1	2	3	4	5	Ich rede gern mit Menschen.
1	2	3	4	5	Es ist wichtiger, mit wem ich zusammen bin, als was ich tue.
1	2	3	4	5	Ich bin gerne in Vereinen und Clubs.
Zählen Sie Ihre Punkte zusammen					Summe =
Interessengruppe B					**Mit der Familie zusammen sein**
1	2	3	4	5	Ich plane gerne Familienausflüge.
1	2	3	4	5	Ich mag die Abende, wo die ganze Familie gemütlich beisammen ist.
1	2	3	4	5	Ich komme mit allen Generationen in meiner Familie gut aus.
1	2	3	4	5	Ich vermisse Familienmitglieder, wenn wir lange Zeit getrennt sind.
Zählen Sie Ihre Punkte zusammen					Summe =
Interessengruppe C					**Allein sein**
1	2	3	4	5	Ich bin gern für mich alleine.
1	2	3	4	5	Ich mag mich gerne auf etwas konzentrieren und dabei weiterreden.
1	2	3	4	5	Ich habe gern ein Zimmer oder Platz für mich alleine.
1	2	3	4	5	Ich verlasse mich gern auf mein eigenes Urteilsvermögen.
Zählen Sie Ihre Punkte zusammen					Summe =

Interessengruppe D					Mit dem Kopf arbeiten
1	2	3	4	5	Ich genieße Zeiten, in denen ich denke, plane und entscheide.
1	2	3	4	5	Ich greife Ideen gerne auf und verfolge sie in Gedanken.
1	2	3	4	5	Ich lese gern und lerne gern dazu.
1	2	3	4	5	Ich mag gerne über Probleme und bestimmte Themen diskutieren.
Zählen Sie Ihre Punkte zusammen					Summe =

Interessengruppe E					Etwas herstellen
1	2	3	4	5	Ich mag es, wenn am Ende meiner Arbeit etwas herauskommt.
1	2	3	4	5	Ich arbeite gern mit den Händen.
1	2	3	4	5	Ich bin glücklich, wenn ich mit Werkzeug und Maschinen arbeite.
1	2	3	4	5	Ich mag körperliche Aktivitäten.
Zählen Sie Ihre Punkte zusammen					Summe =

Interessengruppe F					Anderen helfen
1	2	3	4	5	Ich fühle mich gut, wenn ich mich nützlich fühle.
1	2	3	4	5	Ich zeige Menschen gern, wie sie Probleme lösen können.
1	2	3	4	5	Ich investiere einen Teil meiner Zeit gern für einen guten Zweck.
1	2	3	4	5	Ich denke, wir sind hier, um anderen zu helfen, sich besser zu fühlen.
Zählen Sie Ihre Punkte zusammen					Summe =

Interessengruppe G					Anders sein
1	2	3	4	5	Ich hebe mich gern von der Masse ab.
1	2	3	4	5	Ich tue gern das Gegenteil von dem, was andere erwarten.
1	2	3	4	5	Ich bilde mir gern meine eigene Meinung.
1	2	3	4	5	Ich erforsche gern neue Methoden, eine Sache zu erledigen.
Zählen Sie Ihre Punkte zusammen					Summe =

Interessengruppe H					Sport
1	2	3	4	5	Ich bin gerne sehr sportlich.
1	2	3	4	5	Ich mag körperliche Aktivitäten.
1	2	3	4	5	Ich bin gerne draußen.
1	2	3	4	5	Ich nehme gern körperliche Herausforderungen an.
Zählen Sie Ihre Punkte zusammen					Summe =

Interessengruppe I					Kreativ sein
1	2	3	4	5	Ich benutze gern mein Vorstellungsvermögen.
1	2	3	4	5	Ich mag mich gern durch Kunst, Musik oder Schreiben ausdrücken.
1	2	3	4	5	Ich mag Tagträume.
1	2	3	4	5	Ich bin gerne dort, wo Menschen ihre Fantasie benutzen.
Zählen Sie Ihre Punkte zusammen					Summe =

Interessengruppe J					**Mit anderen wetteifern**
1	2	3	4	5	Ich gewinne gern.
1	2	3	4	5	Was ich tue, tue ich so gut wie möglich.
1	2	3	4	5	Ich finde gern heraus, ob ich etwas besser kann als andere.
1	2	3	4	5	Es genügt mir nicht, Zweite(r) zu sein.
Zählen Sie Ihre Punkte zusammen					Summe =
Interessengruppe K					**Naturliebe**
1	2	3	4	5	Ich bin lieber auf dem Land als in der Stadt.
1	2	3	4	5	Ich liebe schöne Landschaften.
1	2	3	4	5	Ich lerne gern etwas über die Natur.
1	2	3	4	5	Ich mag Tiere und Pflanzen.
Zählen Sie Ihre Punkte zusammen					Summe =
Interessengruppe L					**Dem Stress entrinnen**
1	2	3	4	5	Ich suche mir Methoden, nach der Arbeit abzuschalten.
1	2	3	4	5	Ich mag alles, was mich von der Arbeit ablenkt.
1	2	3	4	5	Ich nehme mir gern spontan frei und tue etwas Unerwartetes.
1	2	3	4	5	Entspannung ist genauso wichtig wie Arbeit.
Zählen Sie Ihre Punkte zusammen					Summe =

Interessengruppe M					Unterhalten werden
1	2	3	4	5	Ich sitze gern in einem Publikum.
1	2	3	4	5	Ich suche mir Veranstaltungen aus, die ich besuchen kann.
1	2	3	4	5	Ich lenke mich gern durch Sportsendungen, Konzerte, Filme etc. ab.
1	2	3	4	5	Ich spreche gern über Veranstaltungen, die mir gefallen haben.
Zählen Sie Ihre Punkte zusammen					Summe =

Zählen Sie Ihre Punkte für jede Interessengruppe zusammen. Dann sortieren Sie die Gruppen so, dass die Gruppe mit der höchsten Punktzahl oben steht und so weiter.

Gruppe	Punkte
1	
2	
3	
4	
5	
6	
7	
8	
9	
10	
11	
12	
13	

Tabelle 2.8 *Freizeitaktivitäten*

Interessengruppe A – Mit Menschen zusammen sein		
Freizeitparks	Tanzen	Restaurants
Antiquitätenmärkte	Fußball	Einkaufen
Kunstschule	Golf	Tennis
Kegeln	Kino	Theater
Camping	Museen	Zoos
Karten spielen	Abendschule	
Clubs	Parks	
Interessengruppe B – Mit der Familie zusammen sein		
Rad fahren	Wandern	Lesen
Brettspiele	Urlaub	Briefmarken
Puzzeln	Tischtennis	sammeln
Camping	Modellbau	Boot fahren
Kochen	Museen	Fernsehen
Angeln	Kneipe um	Zoos
	die Ecke	
Interessengruppe C – Allein sein		
Vögel beobachten	Malen	Schwimmen
Münzen/Briefmarken	Fotografieren	Fernsehen
sammeln	Lesen	Holzarbeiten
Kreuzworträtsel	Nähen	Schreiben
Jogging	Besichtigungs-	Yoga
Meditieren	touren	
Musik	Hi-Fi	
Interessengruppe D – Mit dem Kopf arbeiten		
Archäologie	Fliegen	Abendschule
Kunstgalerien	Ahnenforschung	Lesen
Astronomie	Erfinden	Segeln
Buchclubs	Vorlesungen	Reisen
Schach	Museen	Worträtsel

Interessengruppe E – Etwas herstellen		
Backen	Natur-Sammlungen	Nähen
Design	Malen	Weben
Gartenarbeit	Töpfern	Wein herstellen
Stricken	Antiquitäten	Holzarbeit
Lederarbeiten	restaurieren	Schreiben
Modellbau	Sammelalben	
	Modellieren	

Interessengruppe F – Anderen helfen		
Babysitting	Umweltschutz	Reparaturen
Basare	Jemanden	Gemeinn. Veran-
Auto fahren	massieren	staltungen
Unterhaltung	Zuhören	Ehrenamtl.
	Essen auf Rädern	Tätigkeiten

Interessengruppe G – Anders sein		
Paragliding	Klettern	
Performance Kunst	Fallschirm	
	springen	

Interessengruppe H – Sport		
Leichtathletik/Sport	Eislaufen	Tennis
Fahrrad fahren	Jogging	Volleyball
Aerobic	Squash/Badminton	Gewichtheben
Kanu fahren	Ski fahren	Yoga
Tanzen	Fußball	
Reiten	Schwimmen	

Interessengruppe I – Kreativ sein		
Schauspiel	Blumengestecke	Töpfern
Schnitzen	Gartenarbeit	Modellieren
Choreographie	Lederarbeiten	Zeichnen
Komponieren	Modellbau	Weben
Kochen/Backen	Handarbeiten	Schreiben
Räume dekorieren	Malen	
Regie führen	Fotografieren	

Interessengruppe J – Mit anderen wetteifern		
Tiere ausstellen	Boxen	Golf
Bogenschießen	Karten spielen	Rennen
Bowling	Schach	Fußball
Basketball	Tanzwettbewerbe	Tennis
Brettspiele	Ausstellungen	Gewichtheben
Interessengruppe K – Naturliebe		
Archäologie	Geologie	Klettern
Astronomie	Wandern	Segeln
Strandspaziergänge	Landschafts-gärtnerei	Zeichnen
Camping	Natursendungen	Spazieren gehen
Angeln	Parks	Zoos
Gartenarbeit	Reiten	
Interessengruppe L – Dem Stress entrinnen		
Vergnügungsparks	Parks	Fernsehen
Massiert werden	Körperliche Aktivitäten	Reisen
Jogging	Radio	Freunde besuchen
Kino	Lesen	Spazieren gehen
Malen	Sonnenbaden	
Interessengruppe M – Unterhalten werden		
Ballett	Kino	Hi-Fi
Zirkus	Lesen	Fernsehen
Konzerte	Besichtigungs-touren	Theater
Gespräche	Zuschauer-sportarten	

Für jeden der drei Freizeittypen gibt es Freizeitaktivitäten, die am besten zu ihm passen. Suchen Sie sich die drei Gruppen heraus, in denen Sie die meisten Punkte erzielt haben, und sehen Sie sich die für diese Gruppen vorgeschlagenen Tätigkeiten einmal genauer an (Tabelle 2.8).

Mithilfe der Tabelle 2.9 können sie diese Tätigkeiten bewerten, indem Sie die Vor- und Nachteile jeder einzelnen Tätigkeit abwägen. Auf diese Weise können Sie einmal über neue Aktivitäten nachdenken, die zu Ihrem Freizeittyp passen, über die Sie aber bisher noch nicht nachgedacht haben. In Tabelle 2.10 sehen Sie, wie so eine ausgefüllte Tabelle aussehen könnte.

Tabelle 2.9 *Bewertung der Tätigkeiten*

Tätigkeit	Vorteile	Nachteile

Tabelle 2.10 *Bewertungsbeispiel*

Tätigkeit	Vorteile	Nachteile
Bogen-schießen	Neue Fähigkeiten Outdoor-Aktivität Neue Leute kennen lernen Romantik Ausrüstung kann geliehen werden Körperliche Fitness	Kosten f. d. Ausrüstung Fahrtzeiten Gefahr Noch nie ausprobiert
Karten-spiele	Geld gewinnen Neue Leute kennen lernen Man kann überall spielen	Ich verliere immer Ich bin zu leichtsinnig Langweilig Behindert beim Reden Ich kann nicht stillsitzen!

Schauen Sie sich die Übersicht noch einmal an und markieren Sie die Tätigkeiten, bei denen die Vorteile die Nachteile überwiegen. Beziehen Sie diese Tätigkeiten in Ihre Planungen für die frei verfügbare Zeit mit ein. Denken Sie sorgfältig über die angegebenen Nachteile nach. Aussagen wie „langweilig“ oder „nimmt zu viel Zeit in Anspruch“ enthüllen oft die tatsächlichen Gründe dafür, warum wir bisher untätig waren – Gründe, die wir vor uns selbst ungern zugeben. Zuzugeben, dass wir etwas langweilig finden, verschleiert manchmal die Tatsache, dass wir nicht die Fähigkeiten haben, eine bestimmte Sache gut zu machen. Aber erst wenn wir zugeben, dass wir bestimmte notwendige Fähigkeiten einfach nicht besitzen, versetzt es uns in die Lage, diese zu erwerben.

Eine andere Möglichkeit, das Angebot an passenden Freizeitaktivitäten zu vergrößern, besteht darin, in der regionalen Tageszeitung Angebote zu markieren, die man noch nie ausprobiert hat, die man aber gerne einmal ausprobieren würde. Sie können auch das Angebot Ihrer örtlichen Bibliothek, der Volkshochschule oder anderer kommunalen Einrichtungen nutzen, die meistens eine breite Palette an Veranstaltungen anbieten. Überlegen Sie einmal, ob Sie sich nicht zum Ziel setzen sollten, in den nächsten vier Wochen pro Woche eine neue Tätigkeit auszuprobieren. Binden Sie diese neuen Aktivitäten in Ihre Zeitplanung mit ein.

Stellen Sie eine Liste mit zehn Tätigkeiten zusammen, die Sie gerne einmal tun würden.

____

____

Wie könnten Sie es schaffen, ein paar von diesen Tätigkeiten jetzt einmal auszuprobieren?

____

____

Sie haben Ihre Freizeitbedürfnisse identifiziert und neue Alternativen untersucht. Sie haben jetzt die Fähigkeiten und Techniken, diese neuen Freizeitaktivitäten zu bewerten. Vorausgesetzt, dass Ihre frei verfügbare Zeit begrenzt ist, müssen Sie sich zwischen den zur

Verfügung stehenden Freizeitaktivitäten – den alten wie den neuen – entscheiden. Wie immer kommt es darauf an, Prioritäten zu setzen, um den größten Nutzen aus seiner Freizeit ziehen zu können.

Welches sind Ihre Lieblings-Zeitplantechniken?

Zeitmanagement bedeutet, sich selbst zu organisieren, um mit der zur Verfügung stehenden Zeit das zu erreichen, was man erreichen möchte. Das Ziel lautet nicht, sein Leben mit Aktivitäten voll zu stopfen, sondern dass wir uns darüber klar werden, was wir vom Leben erwarten, und dann planen, wie wir diese Ziele erreichen können. Sie haben beim Durcharbeiten dieses Kapitels eine Reihe von Techniken kennen gelernt, die uns dabei helfen können. Es lohnt sich, diese noch einmal Revue passieren zu lassen.

Sie sollen sich nun die Liste mit den Techniken noch einmal durchlesen und darüber nachdenken, welche Erfahrungen Sie mit jeder Einzelnen gemacht haben. Welche haben sich für Sie als sinnvoll erwiesen? Welche passen nicht zu Ihnen? Warum, glauben Sie, ist das so?

Zeitinvestitionsprotokoll:

____

____

Aktivitätenliste und Aktivitäten-Rangliste:

____

____

Vergleiche zwischen Befriedigung und Zeitbedarf:

____

____

Prioritätenliste für diese Woche:

____

____

Listen führen:

___

___

Prioritätenlisten:

___

___

Einen Kalender benutzen:

___

___

Ein Zeitplanbuch benutzen:

___

___

Eine effektive Arbeitsumgebung schaffen:

___

___

Zeitdiebe:

___

___

Zeitjäger:

___

___

Wir hoffen, dass Ihnen das Studium dieses Buches bisher Spaß gemacht hat und dass es Ihren Erwartungen entsprochen hat.

Schauen Sie sich jetzt noch einmal Ihre persönlichen Ziele an. Hat sich Ihre Meinung seither verändert? Wenn ja, notieren Sie neue Sichtweisen über das Thema „Zeit".

____

____

Es ist jetzt an der Zeit, dass Sie noch einmal für sich rekapitulieren, was Sie aus diesem Kapitel gelernt haben, um es anzuwenden. Schreiben Sie auf, was Sie über sich selbst und darüber, wie Sie Ihre Zeit managen, erfahren haben. Welche Techniken können Ihnen in Zukunft helfen, Ihr Zeitmanagement zu verbessern?

____

____

Sinn dieser Planung ist nicht, sich ein Ziel zu setzen und sich daran festzuklammern, sondern einen Plan aufzustellen und sich immer wieder zu fragen: „Funktioniert das?" Wenn nicht, ist es Zeit, den Plan umzustellen. Versuchen Sie, sich jeden Monat ein bisschen Zeit dafür zu reservieren, darüber nachzudenken, wie Sie Ihre Zeit verbringen.

TEIL II
SMART WORKING HEISST SEINE BOTSCHAFT RÜBERBRINGEN – ZWISCHENMENSCHLICHE KOMMUNIKATION

Haben Sie sich schon einmal gefragt, wie Luftverkehr geregelt wird? Es ist doch erstaunlich, dass Flugzeuge aus der ganzen Welt auf riesigen Flughäfen wie z.B. London Heathrow landen, praktisch ohne dass jemals etwas durcheinander gerät? Die Fluglotsen, die jedes einzelne Flugzeug „steuern“, berühren es überhaupt nicht. Alles, was sie tun, ist, mit den Piloten zu kommunizieren. Nicht mehr und nicht weniger. Fluglotsen geben Informationen, erteilen Anweisungen, beantworten Fragen, klären Missverständnisse, beruhigen nervöse oder verwirrte Piloten, nehmen Nachrichten entgegen, lösen eine Unmenge an Problemen und koordinieren die sich ständig ändernde Arbeit von Piloten aller Herren Länder, ohne sie jemals persönlich zu treffen. Botschaften werden ausschließlich mit der Stimme übertragen! Es gibt keine Körpersprache oder Gesichtsausdrücke, die etwas über Stimmungen verraten; nur die verbale Interaktion in einem Zweiwege-Funkverkehr. Und wenn Sie dem Funkverkehr lauschen, hören Sie lediglich eine ruhige, angenehme und sanfte Stimme. Man hört kein Schreien, kein Jammern, kein Schmeicheln, keine Drohungen und keine Beleidigungen. Sehr häufig hört man „Bitte“ und „Danke“. Fluglotsen steuern ausschließlich durch verbale Kommunikation.

Stellen Sie sich vor, was passieren würde, wenn man Sie in eine isolierte Zelle sperren würde und Sie ausschließlich per Funk mit Ihrem Team oder Ihren Kollegen sprechen könnten. Wie gut würde Ihnen das gelingen? Können Sie sich überhaupt vorstellen, was Sie als Erstes sagen würden? Hören wir uns doch noch einmal die Fluglotsen an, um herauszufinden, wie die das machen.

Wenn man den Fluglotsen zuhören könnte, würden ein paar Bedingungen deutlich werden. Erstens sind sie Bestandteil eines außergewöhnlich fest definierten Kommunikationssytems, in dem so wenig wie möglich dem Zufall überlassen wird. Die Sprache ist klar und präzise; es gibt nur einen Ausdruck für: „Cleared to land on runway 17“. „Park das Baby entweder auf 17 oder 45, wenn du willst“ genügt eben nicht. „Landet, wenn ihr so weit seid“ tut es auch nicht. „Cleared to land on runway 17“ hat nur die eine Bedeutung, die Maschine jetzt auf Landebahn 17 zu landen.

Ein zweiter Aspekt bei dem Kommunikationssystem zwischen Lotse und Pilot ist die genau festgelegte Hierarchie. Bei der Kommunikation zwischen Pilot und Lotse hat nur einer das Sagen – der Lotse. Es gibt Regeln, wie Probleme geregelt werden sollen, falls welche auftreten. Wenn Sie als Pilot z.B. schon genau vorhersagen können, dass Sie über Landebahn 17 hinausschießen werden, dann ist die Lösung einfach – bitten Sie den Kontrollturm um Erlaubnis, die Landung abzubrechen, und dann machen Sie nach den Anweisungen des Lotsen ein ganz spezielles Manöver, das Sie in die Lage versetzt, einen zweiten Anlauf machen zu können.

Könnten Sie ein solches Kommunikationssystem in Ihrer Arbeitsumgebung einführen? Wahrscheinlich nicht. Würden Sie ein solches System einführen wollen? Wahrscheinlich nicht.

Wenn Sie auch dieser Meinung sind, schreiben Sie ein paar Gründe auf, warum Sie in Ihrer Arbeitsumgebung kein so streng definiertes Kommunikationssystem haben möchten. Was könnten die Nachteile sein?

____

____

Wenn Ihre Antwort darauf schließen lässt, dass in Ihrer Arbeitsumgebung unterschiedliche Meinungen gefördert werden, dass die Kommunikation frei von Zwängen und mit viel Fantasie geführt werden soll und Kommunikationsfehler in den meisten Arbeitssituationen keine Frage von Leben und Tod wie in dem geschilderten Beispiel sind, dann haben Sie verstanden, worum es uns geht. Nichts desto weniger können Sie im Stillen natürlich schon denken, dass es auch mal ganz schön wäre, wenn Frau Schulz klare Fragen stellen, Herr Bube in vollständigen Sätzen sprechen und Herr Frank nicht immer so voreilige Schlüsse ziehen und emotional werden würde, wenn es ein Missverständnis gibt.

Wenn Sie in Ihrer Arbeitsumgebung Kommunikations„probleme“ beobachtet haben, welche sind das und wie könnten die Ihrer Meinung nach gelöst werden? Notieren Sie zwei oder drei Vorschläge, wie man die Kommunikation verändern und verbessern könnte.

____

____

Gehen Sie jetzt einen Schritt weiter und spinnen Sie den Faden weiter: Was wäre notwendig, damit Ihre Vorschläge in Ihrer Firma oder Ihrer Gruppe akzeptiert und praktiziert würden?

Über eines sollten wir uns im Klaren sein: Es gibt zu jedem Thema immer noch irgendetwas zu sagen. Ob auch alles gesagt werden muss, ist natürlich eine andere Sache.

Haben Sie es bemerkt? Ohne es direkt zu sagen, haben wir uns in den letzten paar Minuten bereits mit dem Thema Kommunikation beschäftigt. Sie können in den Kapiteln 3 und 4 noch mehr zum Thema persönliche Kommunikation im Allgemeinen erfahren und über die Probleme und Lösungen in Ihrer Arbeitsumgebung im Besonderen.

3. Zur Sache!

In diesem Kapitel geht es um die grundlegenden Kommunikationsfähigkeiten, über die jede effektive Führungskraft auf jeder Ebene verfügen sollte. Wahrscheinlich ist es wie mit dem Tanzen oder Radschlagen: Manche können es von Geburt an, andere brauchen ein wenig Hilfestellung und Übung.

Auf jeden Fall haben Führungskräfte, die sich mit dem Thema zwischenmenschliche Kommunikation beschäftigen, herausgefunden, wie wichtig die Sprache über die Sprache ist, die sie dabei gelernt haben. Mit anderen Worten: Wenn es Ihr Ziel ist, Mitarbeitern dabei zu helfen, effektiver zu kommunizieren, müssen Sie mit ihnen über Grundlagen der Kommunikation kommunizieren. Können Sie z.B. eine Definition für jeden der folgenden Kommunikationsbegriffe geben? Versuchen Sie es.

Sender:

___

Empfänger:

___

Verzerrung:

___

Informationsverarbeitung:

___

Tonfall:

___

Stimmlage:

___

Überprüfen Sie Ihre Definitionen am Ende dieses Kapitels noch einmal.

Wir wollen uns nun damit beschäftigen, was wir eigentlich unter zwischenmenschlicher Kommunikation verstehen. Zunächst erklären wir, was der Zweck der Kommunikation ist, dann betrachten wir die praktischen Fähigkeiten, die für die effektive Kommunikation notwendig sind, und dann zeigen wir Möglichkeiten auf, wie Sie die Fähigkeiten, die Sie gerne verbessern möchten, identifizieren und üben können. Unsere Ziele für dieses Kapitel sind also:

- Festzustellen, welche Rolle persönliche Kommunikation in unserem Leben spielt.
- Festzustellen, welche Faktoren effektive persönliche Kommunikation beeinträchtigen.
- Festzustellen, welche Fähigkeiten effektive Kommunikation fördern.
- Festzustellen, welche non-verbalen Faktoren bei der persönlichen Kommunikation eine Rolle spielen.
- Festzustellen, welche Fähigkeiten notwendig sind, um Feedback zu geben und anzunehmen.
- Festzustellen, welche Fähigkeiten für Verhandlungen und zur Konfliktbewältigung notwendig sind.
- Persönliche zwischenmenschliche Kommunikation zu üben.

Was ist zwischenmenschliche Kommunikation?

Einen großen Teil unseres Lebens verbringen wir mit Kommunikation. Wir werden auf vielfältige Art durch die Kommunikationssysteme, die wir Medien nennen – Zeitungen, Radio, Fernsehen etc. –, beeinflusst. Außerdem verbringen wir sehr viel Zeit im Umgang mit unseren Mitmenschen. Bei jedem dieser Kontakte ist Kommunikation im Spiel – reden, diskutieren, Ideen austauschen, plaudern, zuhören, Informationen übermitteln, Meinungen oder Gefühle äußern u.s.w.

Ein Großteil der Kommunikation erfolgt, ohne dass sich die Beteiligten darüber im Klaren sind, was zwischen ihnen abläuft. Wenn die Kommunikation gut ist, profitieren wir wahrscheinlich davon, aber wenn sie nicht so gut ist, gibt es Probleme. Jeder hat schon einmal die Ausdrücke „Kommunikationsprobleme“ oder „Zusammenbruch der Kommunikation“ gehört.

Wir wollen uns auf die zwischenmenschliche Kommunikation beschränken – die Kommunikation, die zwischen Menschen stattfindet, die von Angesicht zu Angesicht miteinander reden. Diese Art der Kommunikation lernt jeder von uns praktisch vom Tage der Geburt an. Wir lernen zu sprechen, so wie wir lernen zu laufen, zu spielen und uns anzuziehen. Es ist deshalb verlockend anzunehmen, dass wir unsere kommunikativen Fähigkeiten ebenso mühelos automatisch erlernen. Trotzdem können unterschiedliche Menschen unterschiedlich gut kommunizieren. Der eine kommuniziert sehr effektiv, während ein anderer kaum gut genug kommuniziert, um überleben zu können.

Warum sind Kommunikationsfähigkeiten so wichtig? Ohne Kommunikation gibt es keine Beziehungen, keine Organisationen. Ideen teilen, Meinungen äußern, benötigte Informationen erfragen, erklären, was wir wollen, Probleme mit anderen lösen und unsere Gefühle ausdrücken – all das sind Beispiele für die Art zwischenmenschlicher Kommunikation, die unerlässlich ist, wenn wir mit anderen Menschen in Beziehung treten und arbeiten.

Gute Führungskräfte wissen, dass der Schlüssel zu einem erfolgreichen Management darin liegt, Menschen zu führen und Beziehungen zu pflegen, und nicht darin, Produktionszahlen oder Kontoauszüge zu analysieren. Eine gute Kommunikation ist der Grundstein für ein erfolgreiches Unternehmen. Fachleute haben herausgefunden, dass in Unternehmen mehr Zeit mit Kommunikation verbracht wird als mit jeder anderen Tätigkeit – einschließlich der Produktion. Wenn die Kommunikation versagt, bricht die Produktion zusammen, und Qualität und Service leiden.

Was passiert, wenn zwei Menschen von Angesicht zu Angesicht miteinander reden? Schauen Sie sich einmal genau die Unterhaltung an, die in dem Cartoon in Abbildung 3.1 dargestellt ist.

Das, was dort passiert, lässt sich am deutlichsten in Form eines Diagramms beschreiben (Abb. 3.2).

In den meisten Unterhaltungen springen wir zwischen den Rollen Sender und Empfänger hin und her, wie der Ball bei einem Tennisspiel.

Abb. 3.1

SENDER	EMPFÄNGER	ZWECK
Die Person, die aus irgendeinem Grund mit dem Empfänger spricht.	Dieser hört einen Moment zu, um herauszufinden,	welchen Grund es für die Kommunikation gibt.

Abb. 3.2 *Flussdiagramm Kommunikation*

Was zeichnet jemanden aus, der gut kommunizieren kann? Es gibt einige Charaktereigenschaften, die uns helfen, effektiv zu kommunizieren:

- *Respekt* – Anderen das Gefühl geben, wertvoll und wichtig sein.
- *Aufrichtigkeit* - Nicht herablassend zu sein, nicht mit anderen spielen, sondern ehrlich wirken.
- *Einfühlungsvermögen* – In der Lage sein, sich in die Situation anderer hineinzuversetzen und zu versuchen, ihren Standpunkt zu verstehen.

Diese Eigenschaften bilden die Grundlage, auf der die Kommunikationsfähigkeiten basieren, die wir im Folgenden näher untersuchen wollen.

Wozu dient das Ganze?

Bedenken Sie die Menge an zwischenmenschlicher Kommunikation, die jeden Tag in unserem Leben stattfindet. Benutzen Sie die Übersicht in Tabelle 3.1, um Ihren eigenen Kommunikationsbericht für einen typischen Tag zu entwickeln. Tragen Sie für einen typischen Tag der letzten Woche detailliert alle Kontakte mit anderen ein, bei denen Sie kommuniziert haben. Der gestrige Tag ist in Ihrem Gedächtnis wahrscheinlich noch am besten verfügbar, aber wenn er nicht typisch war, suchen Sie sich einen anderen Tag aus.

Tabelle 3.1 *Kommunikationsprotokoll*

Kommunikationsprotokoll für .... (Tag)

Beteiligte	Zweck	Ergebnisse

Ihre Eintragungen könnten etwa folgendermaßen aussehen:

Tabelle 3.2 *Kommunikationsprotokoll – Beispiel*

Kommunikationsprotokoll für .... (Tag)

Beteiligte	Zweck	Ergebnisse
Ich – Tochter	Herausfinden, warum sie nicht um 22 Uhr zu Hause war.	Verabredet, dass sie anruft, wenn sie später kommt.
Ich – Chef	Abstimmen, welchen Tag ich nächste Woche freimache.	Auf Donnerstag geeinigt.
Ich – Klempner	Verabreden, dass er Do. den Abfluss repariert.	Auf 9 Uhr geeinigt.
Ich – Sekretärin	2 Termine verschieben, die nächsten Do. anstanden.	Sekretärin hat Termine verschoben.
Ich – Kunde Nr. 1	Vertrag diskutieren.	Vertrag geschlossen.
Ich – Kunde Nr. 2	Vertragliche Probleme besprechen.	Vertragliche Probleme gelöst.
Ich – Kinder	Habe ihnen gesagt, dass wir Do. an die Ostsee fahren.	Begeistertes Kreischen.
Ich – Ex-Mann	Verhandeln, wer von uns am Wochenende die Kinder hat.	Heftiger Streit – die üblichen Probleme.

Beobachten Sie unauffällig eine Reihe von zwischenmenschlichen Kommunikationsabläufen im Verlaufe eines Tages. Benutzen Sie die Übersicht in Tabelle 3.3, um einige dieser Vorgänge, ihren Zweck und ihre Ergebnisse zu protokollieren. Vielleicht wäre es für Sie interessant – und manchmal überraschend – zu prüfen, wie einige der Beteiligten die Gespräche erlebt haben. Dann können Sie feststellen, ob es Unterschiede gab, wie Sie selbst das Gespräch empfunden haben und wie andere es empfanden. Bei jeder Art der Kommunikation wird es wahrscheinlich Unterschiede in der Wahrnehmung geben, so wie jeder von uns ein einzigartiges Individuum ist und keine zwei Menschen die Welt mit denselben Augen sehen.

Tabelle 3.3 *Kommunikationsprotokoll des Beobachters*

Kommunikationsprotokoll für .... (Tag)

Beteiligte	Zweck	Ergebnisse

Wenn Sie ein paar detaillierte Beispiele zwischenmenschlicher Kommunikation beobachtet haben, denken Sie einmal über den grundsätzlichen Zweck von Kommunikation nach. Warum kommunizieren Menschen? Schreiben Sie mindestens vier Gründe aus den „Zweck"-Spalten Ihrer Listen auf.

Menschen kommunizieren aus unterschiedlichen Gründen:

- um zu informieren,
- um etwas herauszufinden,
- um etwas zu lernen,

- um zu überzeugen,
- um zu kooperieren,
- um sich zu amüsieren oder zu unterhalten,
- um zu verhandeln,
- um zu führen oder Anweisungen zu geben,
- um zu unterstützen oder zu helfen.

Jeder von uns verbringt viele Stunden des Tages damit, mit anderen zu kommunizieren. Insgesamt verbringen wir mehrere Jahre unseres Lebens mit dieser Tätigkeit. Wenn wir effektiv kommunizieren, erreichen wir sehr wahrscheinlich vieles von dem, was wir uns vornehmen. Wenn wir nicht effektiv kommunizieren, verpassen wir eine Menge günstiger Gelegenheiten. Gerade im Management ist eine klare und gute Kommunikation die Basis für Motivation und Effektivität.

Denken Sie einmal über die möglichen Folgen guter und schlechter Kommunikation nach. Notieren Sie, was Ihnen als Vorteile und als mögliche Fußangeln einfällt.

Wenn wir gut kommunizieren, können wir:

____

____

Wenn wir uneffektiv kommunizieren, kann das dazu führen:

____

____

Beobachten Sie im Verlauf der nächsten Woche, wie Menschen in allen möglichen Situationen kommunizieren. Suchen Sie sich ein Beispiel heraus, bei dem besonders gut kommuniziert wurde, und eines für eine weniger gelungene Kommunikation. Überlegen Sie, was die Sender und Empfänger jeweils getan haben. Wo lag Ihrer Meinung nach der Unterschied?

Ein Beispiel für gute Kommunikation:

____

____

____

Warum ich es für ein gutes Beispiel halte:

____

____

Ein Beispiel für eine weniger gelungene Kommunikation:

____

____

Warum ich sie für weniger gelungen halte:

____

____

Gute Kommunikation hat offensichtlich Vorteile. Wir können andere beeinflussen, mehr lernen, häufiger das bekommen, was wir wollen, bessere Beziehungen eingehen, Auseinandersetzungen beilegen, anderen helfen und die Welt ein bisschen schöner machen! Schlechte Kommunikation verursacht Probleme. Die Beziehungen sind weniger intensiv, man kann schlechter lernen, unsere Mitmenschen finden uns konfus, wir können unsere Ziele schwerer erreichen, wir können anderen kaum eine Hilfe sein und wir finden unser Leben wahrscheinlich frustrierend und unbefriedigend. Daraus ergibt sich, dass Menschen mit guten kommunikativen Fähigkeiten ihr Leben wahrscheinlich befriedigender und lohnenswerter finden, weil sie das Geschehen besser nach ihren Wünschen beeinflussen können. Im nächsten Abschnitt wollen wir uns näher mit den notwendigen Fähigkeiten beschäftigen.

Die Übertragungswege

Lassen Sie uns zunächst die Faktoren identifizieren, die die Kommunikation von Angesicht zu Angesicht beeinträchtigen.

Verzerrung

Wenn wir jemand anders zuhören, ist die Botschaft, die bei uns ankommt – auch wenn wir denken, dass wir konzentriert zuhören –, durch eine Vielzahl von Faktoren beeinflusst. Wenn wir diese Botschaft weitergeben, kann sie total verändert sein, wie in dem Spiel „Stille Post“. Diese Veränderungen nennt man Verzerrung.

Sehen Sie sich einmal Abbildung 3.3 an. Wie wir Dinge hören und sie dann anderen berichten, kann eine ursprüngliche Nachricht völlig entstellen oder verändern.

Abb. 3.3

Denken Sie noch einmal an die letzte Woche zurück. Fällt Ihnen ein Beispiel in Ihrer eigenen Umgebung ein, wo die Kommunikation verzerrt war? Beschreiben Sie die Situation und überlegen Sie, warum die Botschaft verzerrt war.

Die Situation:

____

____

Die Botschaft war möglicherweise verzerrt, weil:

____

____

Vielleicht sind Ihnen Situationen eingefallen, wo es Kommunikationsstörungen gab, weil:

- der Zuhörer seine eigene Meinung durchsetzen wollte und nicht zugehört hat,

- der Zuhörer vielleicht nicht geduldig genug war, einen anderen Standpunkt zu durchdenken und deshalb nicht zugehört hat,
- der Zuhörer vielleicht einfach „abgeschaltet" hat, weil er abgelenkt war,
- man den Eindruck hatte, dass es vielleicht unangemessen war, eine bestimmte Information weiterzugeben, etc.

Verzerrungen haben viele Gründe und sind praktisch unvermeidlich. Vielleicht ist Ihnen auch ein Beispiel eingefallen, wo sich die Kommunikationsdrähte überkreuzt haben: Zwei Gesprächspartner sind beide der Meinung, dass sie eine ganz klare Vorstellung von dem hatten, was gesagt wurde, aber beide haben ein bestimmtes Gespräch völlig unterschiedlich interpretiert. Gerade in Situationen, wo es auch um Gefühle geht, sind solche Vorgänge nicht ungewöhnlich. Es passiert leicht, dass unsere Gefühle das, was der Gesprächspartner sagen will, einfärben; und natürlich kann beim Gesprächspartner dasselbe passieren. Hinzu kommt, dass es nicht immer leicht ist, genau zu verstehen, was eigentlich gesagt wurde; man geht einfach davon aus, dass das Gegenüber versteht, was wir sagen wollen, und daraus ergibt sich ein Szenario mit vielen möglichen Komplikationen.

Ein Faktor, der diese Art von Kommunikation beeinflusst, sind unsere geistigen Selbstgespräche.

Schließen Sie Ihre Augen und versuchen Sie einmal, 30 Sekunden lang an nichts Bestimmtes zu denken; versuchen Sie, Ihren Geist ganz zu entleeren. Sie werden feststellen (wenn Sie nicht darin geübt sind, zu meditieren), dass Ihr Kopf voller Bilder, Worte, Geräusche, Satzfetzen und Empfindungen ist. Dieses innerliche Gebrabbel hören Sie permanent. Unser Gehirn „redet" ständig mit uns über die Welt um uns herum; es filtert diesen Haufen von Eindrücken und bringt sie nach unseren Vorstellungen in einen sinnvollen Zusammenhang. Meistens sind wir uns dieser Gehirntätigkeit nicht bewusst, aber ohne diese Tätigkeit wären unsere Gedanken ein heilloses Durcheinander von Bildern, Geräuschen und Empfindungen, die keinen Sinn ergeben würden.

Wir reagieren nicht immer unmittelbar auf Situationen. Unsere Sinne nehmen alles auf, dann sucht sich unser Gehirn die Dinge heraus, die für uns in dem jeweiligen Moment relevant sind, und legt dann fest, wie wir uns dabei fühlen. Das Ergebnis dieses „Selbstgespräches" ist, dass wir reagieren.

Diese Abläufe sind in Abbildung 3.4 dargestellt.

EREIGNIS ——➤ SELBSTGESPRÄCH ——➤ REAKTION

Abb. 3.4 *Kommunikationsprozess*

Menschen denken viermal schneller, als sie reden. Während wir also jemandem zuhören, schwirren uns tausend Dinge im Kopf herum. All das, was wir uns über unseren Gesprächspartner, über die Sache, über die er spricht, und darüber, wie wir reagieren wollen, sagen, beeinflusst, was und wie viel wir hören. Wenn unser Verhältnis zum Gesprächspartner negativ ist (vielleicht weil wir in der Vergangenheit Probleme mit ihm hatten), „reden" wir uns sehr wahrscheinlich in eine schwer zu überwindende Grundeinstellung zu dem, was unser Gegenüber sagen möchte. Wenn wir selbst in dem Bereich, über den gesprochen wird, über sehr großes Wissen verfügen, kann unser „Selbstgespräch" leicht dazu führen, dass wir vorschnell in Frage stellen, was wir hören, anstatt dem tatsächlich Gesagten zuzuhören. Andere Faktoren, wie z.B. Zeitmangel, können dazu führen, dass wir uns in Ungeduld „reden", was ebenfalls negativen Einfluss auf unsere Fähigkeit zuzuhören hat.

Wir können unsere eigenen Selbstgespräche steuern und diese Art der Verzerrung ausschalten. Wenn wir negative Einflüsse unserer Selbstgespräche feststellen, können wir sie durch positive, konstruktive Gedanken ersetzen. Es hilft, ein paar solcher positiver Aussagen parat zu haben.

Fallen Ihnen Möglichkeiten ein, vielleicht bei bestimmten Situationen, Personen oder Themen auftretenden negativen „Selbstgesprächen" entgegenzuwirken? Beantworten Sie folgende Fragen:

Bei welchem Menschen in meiner Arbeitsumgebung fällt es mir am schwersten, objektiv zuzuhören?

____

____

Was sage ich mir dann innerlich, wenn ich mit dieser Person rede?

____

____

Bei welchen Themen fällt es mir am schwersten, geduldig zuzuhören?

___

___

Welche Gedanken beeinflussen mein Zuhören negativ, wenn es um dieses Thema geht?

___

___

Welche positiven Aussagen könnte ich innerlich machen, damit ich jeweils besser zuhören kann?

___

___

Fallen Ihnen noch andere Gründe für Ablenkungen ein? Notieren Sie, welche Gedanken Ihnen spontan dazu einfallen.

___

___

Haben Sie folgende Gründe notiert?

- Wenn man eine große Menge von Informationen mitgeteilt bekommt, kann es leicht passieren, dass wir nur einen Teil davon aufnehmen.
- Wenn uns das Thema langweilt, hören wir nicht so aufmerksam zu, wie wenn das Thema für uns interessant ist.
- Wenn das, was man hört, zu technisch ist oder man zu viele Fachausdrücke nicht versteht, ist man frustriert.
- Wenn man nicht zuhören will, nichts mit einer Sache zu tun haben möchte oder lieber irgendwo anders wäre, dann schaltet man ab.

Sie haben nun eine Liste mit Faktoren aufgestellt, die Sie bei der effektiven Kommunikation behindern – eine Liste mit Dingen, die man vermeiden sollte. Zu wissen, was schief laufen kann, ist der erste Schritt zur Identifizierung der Faktoren, die einem bei der Kommunikation helfen können. Bevor Sie zum nächsten Abschnitt gehen, nehmen Sie sich einmal die Zeit und beobachten Sie Menschen, die miteinander reden und sich zuhören. Beobachten Sie in den nächsten drei Tagen, was die Menschen um Sie herum tun, damit die Botschaften, die zwischen ihnen hin und her geschickt werden, auch richtig ankommen.

Und so wird's gemacht

Lassen Sie uns jetzt einmal über die Faktoren nachdenken, die Ihnen helfen, die persönliche Kommunikation von Angesicht zu Angesicht effektiver zu gestalten, also über die Fähigkeit, zwischenmenschliche Botschaften richtig zu verschicken und zu empfangen.

Was haben Sie, als Sie beobachtet haben, wie die Menschen um Sie herum miteinander reden und einander zuhören, festgestellt? Was verbessert bzw. behindert die Kommunikation nach Ihren Beobachtungen?

____

____

Sie haben sich bereits mit einigen der Faktoren auseinander gesetzt, die gute Kommunikation stören können. Die folgenden Aufgaben basieren auf der Arbeit, die Sie bereits geleistet haben, und ermöglichen es Ihnen, ein paar Grundregeln für eine gute Kommunikation festzulegen.

Der Sender

Schauen Sie sich ein oder zwei Fernsehdiskussionen oder ein paar Gespräche zwischen Ihren Kollegen an. Konzentrieren Sie sich auf die Rolle des Senders. Das kann im Fernsehen der Moderator sein oder am Arbeitsplatz jemand, der etwas präsentiert. Konzentrieren Sie sich jeweils nur auf einen Aspekt, z.B. auf Dinge, die dem Sender helfen, seine oder ihre Botschaft richtig rüberzubringen. Dann konzentrieren Sie sich auf die Dinge, die den Sendevorgang behindern, also dazu beitragen, dass der Sender seine Botschaft nicht so gut rüberbringen kann. Formulieren Sie Ihre Beobachtungen in ein paar „Do“ und „Don’t“-Regeln für effektive Kommunikation. Schreiben Sie Ihre Tipps hier auf.

Dos (Faktoren, die den Sendevorgang verbessern):

____

____

Don’ts (Faktoren, die den Sendevorgang behindern):

____

____

Finden sich in Ihrer Liste ein paar der in Tabelle 3.4 aufgeführten Faktoren? Kreuzen Sie diejenigen an, mit denen Sie übereinstimmen.

Wenn Sie sich jetzt noch einmal die Liste mit den Dos und Don’ts für den Sender anschauen: Gibt es Faktoren, die Sie wieder erkennen und die manchmal auch in Ihren Kommunikationsmustern zu finden sind? Schreiben Sie einen Faktor auf, vor dem Sie sich in Acht nehmen müssen, und einen, von dem Sie wissen, dass er Ihnen hilft.

Vor folgendem Faktor muss ich mich in Acht nehmen:

____

____

Ich kann besonders gut:

____

____

Tabelle 3.4 *Checkliste für den Sender*

Ankreuzen	Dos
	Machen Sie deutlich, was Sie sagen wollen, konzentrieren Sie sich und vermeiden Sie Ablenkungen. Wenn Sie verwirrt sind oder etwas unklar ist, ist die Wahrscheinlichkeit groß, dass es Ihrem Zuhörer genauso geht.
	Sehen Sie die Person, mit der Sie sprechen, an. Augenkontakt macht Ihrem Gegenüber deutlich, was Sie ausdrücken wollen. Wenn Sie keinen Augenkontakt halten, signalisiert das Ihrem Gegenüber möglicherweise Unsicherheit, fehlende Entschlossenheit oder sogar dass Sie ihm ausweichen wollen.
	Sprechen Sie klar und deutlich. Das scheint eigentlich selbstverständlich, aber unsere angeborene Sprechweise und -geschwindigkeit sind vielleicht nicht für jeden und jede Situation angemessen.
	Beziehen Sie die Gefühle Ihres Gegenübers mit ein. Menschen mit guten Kommunikationsfähigkeiten versetzen sich in die Lage des Zuhörers und beobachten genau, wie er sich bei dem, was Sie sagen, fühlt.
	Achten Sie darauf, dass Tonfall und Körpersprache mit dem übereinstimmen, was Sie sagen. Mehrdeutige Botschaften verwirren und zerstören Vertrauen.
	Prüfen Sie, ob Ihr Gegenüber Sie verstanden hat. Fassen Sie hin und wieder zusammen, um sicherzustellen, dass Ihr Zuhörer Ihren Gedanken noch folgen kann.
	Variieren Sie Tonfall und Sprechgeschwindigkeit, damit man Ihrer Stimme gerne zuhört. Ein Mono-Ton wird schnell monoton!

Ankreuzen	Don'ts
	Verkomplizieren Sie Ihre Aussagen nicht durch zu viele Details oder schwierige Fachausdrücke. Denken Sie daran, dass das, was Sie sagen, für Ihr Gegenüber vielleicht neu ist und dass es besser auf Dinge reagiert, die ihm klar sind. Reden Sie nicht so viel, dass Ihr Gegenüber keine Chance hat, eine Bemerkung zu machen oder Fragen zu stellen. Monologe verhindern Interaktion und können dazu führen, dass der Zuhörer abschaltet. Seien Sie nicht zweideutig. Geben Sie konkrete Beispiele für das, was Sie meinen. Setzen Sie die Person, mit der Sie sprechen, nicht herab, machen Sie sie nicht lächerlich und greifen Sie sie oder ihre Ideen nicht an. Wenn Sie wollen, dass Ihr Gegenüber Ihnen zuhört, muss es sich respektiert fühlen. Vermeiden Sie Ideen oder Beispiele, die Ihr Gegenüber verwirren. Verwirrte Zuhörer schalten ab. Achten Sie auf Anzeichen von möglicher Verwirrung, Vorbehalten oder Desinteresse. Seien Sie darauf vorbereitet, eventuell einen eingeschlagenen Kurs zu ändern. Vermeiden Sie zusammenhanglose oder weitschweifende Botschaften. Sprechen Sie mit Überzeugung, aber vermeiden Sie Übertreibungen.

Der Empfänger

Natürlich ist die Fähigkeit zuzuhören genauso wichtig wie die, eine Botschaft richtig zu übermitteln. Zuhören ist nicht dasselbe wie hören. Wir können hören, ohne zuzuhören, wenn wir negativ gegen eine Botschaft, die jemand uns vermitteln möchte, eingestellt sind. Beobachten Sie an Ihrem Arbeitsplatz ein paar zwischenmenschliche Kontakte und suchen Sie nach Beispielen, wo jemand „zu hören scheint, ohne zuzuhören".

Beobachten Sie weiterhin die verschiedenen Kommunikationsvorgänge in Ihrer Arbeitsumgebung. Dieses Mal konzentrieren Sie sich auf die Zuhörer (die Empfänger). Fragen Sie sich, was sie tun oder was sie nicht tun, das die Qualität des Informationsaustausches behindert oder begünstigt. Notieren Sie Ihre Beobachtungen.

Dos (was der Empfänger zur Verbesserung der Kommunikationsqualität tut):

____

____

Don'ts, (was der Empfänger tut, das die Kommunikationsqualität beeinträchtigt):

____

____

Vergleichen Sie nun Ihre Dos und Don'ts mit denen in der Checkliste in Tabelle 3.5. Kreuzen Sie diejenigen an, die Sie auch in anderen Situationen schon beobachtet haben.

Notieren Sie sich ein oder zwei Faktoren, auf die Sie bei Ihrer eigenen Kommunikation in Zukunft mehr achten wollen.

Ich werde vor allem:

____

____

Tabelle 3.5 *Checkliste Empfänger*

Ankreuzen	Dos
	Schauen Sie die Person, die mit Ihnen spricht, an. Wir können zuhören und dabei in eine andere Richtung schauen, signalisieren damit aber „Desinteresse".
	Hören Sie auf die Gefühle hinter den Worten. Dem Sprecher zu zeigen, dass wir auf einer Wellenlänge liegen, baut Kommunikationsbrücken.
	Suchen Sie nach Punkten, in denen Sie übereinstimmen können, und nicht nach solchen, in denen Sie nicht übereinstimmen. Lassen Sie Ihren Gesprächspartner ausreden und versuchen Sie nicht voreilig Stellung zu beziehen und sich Gegenargumente zurechtzulegen.
	Passen Sie auf, dass Sie wirklich genau zuhören, indem Sie Ihrem Gegenüber die volle Aufmerksamkeit widmen, ihm das Gesicht zuwenden und zustimmend nicken, damit es weiß, dass Sie zuhören. Ein Mindestmaß an Höflichkeit und Respekt für Ihren Gesprächspartner öffnet die Kommunikationskanäle.
Ankreuzen	**Don'ts**
	Vermeiden Sie Unterbrechungen, die den Gedankenfluss des Sprechers und den Kommunikationsfluss stören.
	Vermeiden Sie Ablenkungen, die den Gesprächsfluss stören.
	Lassen Sie sich nicht von früheren Erfahrungen mit Ihrem Gesprächspartner beim Zuhören beeinflussen. Das heißt nicht, dass Sie das, was Sie über den Sprecher wissen, nicht mit bedenken sollten, aber versuchen

	Sie, vorurteilsfrei an das Gesagte heranzugehen – vielleicht ist diesmal alles anders! Lassen Sie sich nicht dadurch beeinflussen, dass Sie Vorurteile über bestimmte Themen haben. Passen Sie auf, falls Sie schlecht gelaunt sind, und seien Sie besonders aufmerksam bei für Sie heiklen Themen. Vermeiden Sie eine „Das weiß ich schon alles"-Einstellung, die Ihren Gesprächspartner oder das Gesagte herabsetzt. Zollen Sie der Meinung Ihres Gesprächspartners Respekt. Diskutieren Sie Streitpunkte ohne persönliche Angriffe. Wechseln Sie nicht das Thema, bevor es nicht abgeschlossen ist. Machen Sie Ihren Gesprächspartner nicht nervös und lenken Sie ihn nicht ab.

Wo liegen Ihre Fähigkeiten? Sind Sie eher ein guter Sender oder Empfänger? Sehr vielen Menschen liegt das eine mehr als das andere. Überlegen Sie einmal, wie oft Sie schon gehört haben: „Sie ist eine gute Zuhörerin." Wenn Sie feststellen, dass viele Menschen zu Ihnen kommen, um mit Ihnen über ihre Probleme zu reden, ist es sehr wahrscheinlich, dass Sie sehr gut zuhören und Botschaften empfangen können. Wenn man Sie häufig um Rat oder Ihre Meinung fragt oder Sie darum bittet, für einen mit jemandem anders zu sprechen, dann sind Sie wahrscheinlich auch ein sehr guter Sender. Denken Sie einmal über Ihre eigenen Kommunikationsfähigkeiten nach.

Meine größten Fähigkeiten beim Senden/Empfangen sind:

____

____

Ich würde gerne folgende Fähigkeiten als Sender/Empfänger verbessern:

____

____

Folgende Schritte werde ich unternehmen, um meine Fähigkeiten als Sender/Empfänger in der Zukunft zu verbessern:

____

____

Nicht *was* gesagt wird, sondern *wie* es gesagt wird, ist entscheidend!

Ziel dieses Abschnittes ist es, zu untersuchen, welche Rolle der Tonfall und die Stimmlage in Gesprächen spielen. Außerdem sollen Techniken aufgezeigt werden, wie man diese Faktoren positiv beeinflussen kann.

Die Art und Weise, wie Sie sprechen

Wie schätzen Sie Ihre Fähigkeit, Ihre Stimme bewusst einzusetzen, ein? Neigen Sie dazu, zu leise oder zu schnell zu sprechen? Variieren Sie Tonfall und Stimmlage, um bestimmte Dinge hervorzuheben oder das Gespräch lebendig zu gestalten? *Ein paar Anmerkungen zum Thema Dialekte und Akzente. Die meisten Menschen sprechen irgendeine Art von Dialekt oder Akzent, je nach ihrer regionalen oder nationalen Herkunft. Noch vor wenigen Jahren galt es als nachteilig, einen Akzent oder Dialekt zu sprechen, und Nachrichtensprecher und Moderatoren mussten ein einwandfreies Hochdeutsch sprechen. Das ist heute anders, und „reines Hochdeutsch" ist eigentlich auch nur ein Dialekt wie jeder andere. Tatsächlich gibt es Call Center, die sich genau in den Regionen ansiedeln, wo mit Dialekt oder Einfärbung gesprochen wird, weil viele das als freundlich und vertrauenswürdig empfinden. Solange wir klar und deutlich reden und man uns verstehen kann, brauchen wir uns über regionale Dialekte keine Sorgen zu machen.*

Wenn Sie über ein Aufnahmegerät verfügen, nehmen Sie sich einmal auf, während Sie sich mit jemandem unterhalten, oder sprechen Sie einfach ein paar Sätze in das Gerät und spulen Sie es zurück. Wenn wir nicht gewohnt sind, uns selbst auf Kassette zu hören, kann das ein echter Schock sein. Wir hören uns möglicherweise ganz anders an, als wir dachten, weil wir uns nicht so hören, wie andere uns hören.

Hören Sie sich die Aufnahme an und versuchen Sie mit Hilfe der Tabelle 3.6 einzuschätzen, wie Ihre Stimme wirkt.

Tabelle 3.6 *Wie sprechen Sie?*

Ankreuzen	
	Sprechen Sie jedes einzelne Wort deutlich aus?
	Sprechen Sie zu schnell?
	… oder zu langsam, um die Aufmerksamkeit des Gesprächspartners zu wecken?
	Nuscheln Sie?
	Hören Sie sich aufrichtig an?
	Hören Sie sich zu laut an?
	… oder zu leise?
	Hört sich Ihre Stimme schrill an?
	Klingen Sie monoton?
	Hört man Ihrem Tonfall an, wie Sie sich fühlen?

Und, wie haben Sie abgeschnitten? Wenn Sie nicht darin geübt sind, Ihre Stimme richtig einzusetzen, haben Sie sicher ein oder zwei Punkte gefunden, an denen Sie noch arbeiten möchten. Lesen Sie folgende Punkte durch und prüfen Sie, jetzt, wo Sie sich selbst gehört haben, ob das eine oder andere auf Sie zutrifft.

- *Klar und deutlich sprechen.* Schuld sind Nervosität und Gewohnheit. Wenn wir angespannt sind, verspannen sich auch unsere Kiefer und unsere Sprache wirkt verschwommen. Spannen Sie Ihren Unterkiefer mit halb geöffnetem Mund einmal an und sagen Sie „Klare Aussprache ist wichtig“, wobei Sie Ihren Kiefer so wenig wie möglich bewegen. Jetzt lassen Sie Ihren Kiefer locker hoch- und runterklappen und sprechen Sie denselben Satz noch einmal, wobei Sie den Kiefer frei bewegen. Können Sie den Unterschied hören und fühlen? Wenn wir uns entspannen und gleichmäßig atmen, öffnen wir den Mund weiter und sprechen auch klarer.

- *Geschwindigkeit.* Die Geschwindigkeit, mit der wir sprechen, wird grundsätzlich dadurch beeinflusst, worüber wir sprechen und welche Einstellung wir zu dem Thema haben. Wenn wir aufgeregt sind, werden wir schneller, wenn wir gelangweilt sind, werden wir langsamer. Wir können Dringlichkeit und Wichtigkeit alleine dadurch vermitteln, dass wir schneller sprechen, doch wenn wir die ganze Zeit über zu schnell sprechen, geht die Dringlichkeit – und die klare Aussprache – verloren. Aber auch eine zu langsame Sprache ist über einen längeren Zeitraum unangenehm. Vielleicht wird jedes einzelne Wort perfekt ausgesprochen, aber zu viele Pausen und Verzögerungen oder einfach ein zu langsames Sprechtempo können den Zuhörer frustrieren.
- *Tonfall.* Der Tonfall ist ein Schlüsselelement jeder Kommunikation. Er kann Aufrichtigkeit, Begeisterung, Ablehnung oder sogar Verachtung vermitteln – eigentlich alle Facetten menschlicher Emotionen. Er kann dem Zuhörer vermitteln, was wir über ihn denken; er sagt dem Zuhörer, wie wir über das Gesprächsthema denken und somit seine Einschätzung über das Thema beeinflussen. Wir sind der Meinung, dass Worte wichtig sind, doch ein Großteil der Botschaft wird durch unseren Tonfall vermittelt. Wir können ein und demselben Wort durch unseren Tonfall unterschiedliche Bedeutungen verleihen. Versuchen Sie einmal, das Wort „gut“ zu sagen und es so auszusprechen, dass es einmal gelangweilt, einmal sarkastisch, zufrieden, fröhlich, wütend, überrascht, aufrichtig, eilig oder was Ihnen noch so einfällt, klingt. Die Kunst besteht darin, den Tonfall mit den Worten so in Einklang zu bringen, dass wir wirklich das ausdrücken, was wir ausdrücken möchten. Es passiert leicht, dass unsere Stimme deutlich macht, dass wir müde, frustriert oder ungeduldig sind,

obwohl diese Gefühle in der Situation oder dem Gesprächspartner gegenüber nicht angemessen sind.

- *Lautstärke*. Wenn man zu leise und schlecht verständlich spricht, kann das aus einem Mangel an Selbstvertrauen rühren. Die Lautstärke unserer Stimme basiert auf guter, tiefer, regelmäßiger Atmung, die häufig schnell und flach wird, wenn wir nervös sind. Atmen Sie ein paar Mal tief ein, am besten an frischer Luft, bevor Sie sprechen, z.B. vor einem Bewerbungsgespräch oder einer schwierigen Situation. Sprechen Sie mit erhobenem Kopf und sprechen Sie zu der Person, die am weitesten von Ihnen weg sitzt. Wenn Sie die Lautstärke variieren macht das Ihre Sprache interessanter und abwechslungsreicher. Aber achten Sie darauf, nicht zu theatralisch zu wirken.
- *Stimmlage*. Die Stimmlage wird ebenfalls durch Nervosität und Anspannung beeinflusst. Unsere Rachenmuskeln und Stimmbänder spannen sich an und unsere Stimme hört sich hoch und schrill an. Auch in diesem Fall sollten Sie tief einatmen und dann, während Sie langsam ausatmen, ein paar Worte sagen, z.B. „Ich möchte noch einmal auf diesen Punkt hinweisen". Automatisch hört sich unsere Stimme besser an, denn es ist physisch unmöglich, auszuatmen und gleichzeitig unsere Muskeln anzuspannen.

Wie Sie sehen, haben wir bereits damit begonnen, die Kunst der Kommunikation näher zu untersuchen, die weit über die Worte hinausgeht, die wir benutzen. Im nächsten Kapitel wollen wir uns noch eingehender mit den non-verbalen Dimensionen unserer zwischenmenschlichen Kommunikation auseinander setzen und uns darauf aufbauend einige Bereiche im Berufsleben herausgreifen, die wir näher untersuchen wollen.

4. Mehr als Worte

Non-verbale Kommunikation macht Kommunikation interessanter und bedeutungsvoller, sie kann aber auch zu Missverständnissen und Misstrauen führen. Deshalb ist es für Führungskräfte wichtig, in der Lage zu sein, komplexere Kommunikationsprobleme zu bewältigen. Den Mitarbeitern zu helfen, ihre Aufgaben besser zu verstehen und Missverständnisse zu beseitigen, sind nur zwei mögliche Anwendungsfälle.

Kommunikation ist mehr als Reden

Wir wollen nun einmal feststellen, welche Rolle non-verbale Faktoren in persönlichen Gesprächen spielen. Natürlich geht man zunächst einmal davon aus, dass Kommunikation gleichbedeutend mit Reden ist. Das muss nicht unbedingt der Fall sein. Die Menschen in dem Kartoon in Abbildung 4.1 kommunizieren ohne Worte.

Abb. 4.1

Unter non-verbaler Kommunikation versteht man alle Elemente, die Botschaften zwischen Menschen vermitteln, außer der Sprache. Manche behaupten, dass unter bestimmten Bedingungen bis zu 90 Prozent der Kommunikation zwischen zwei Menschen ohne Worte ablaufen. Non-verbale Botschaften erhalten wir durch die Augen, den Mund, den Gesichtsausdruck, die Art und Weise, wie jemand sitzt, steht, sich bewegt, dadurch, wo die Gesprächspartner im Verhältnis zueinander stehen/sitzen, wie sie ihre Hände, Arme und Beine halten und bewegen und so weiter.

Ob wir uns dessen bewusst sind oder nicht, wir senden und empfangen eigentlich permanent non-verbale Signale. Die Worte, die wir zur Kommunikation einsetzen, sind zwar wichtig, meistens aber nicht so wichtig wie non-verbale Signale, die so viele zusätzliche Informationen beinhalten, dass die Auswirkungen viel stärker sein können als durch das, was lediglich mit Worten ausgedrückt wird.

Die drei Gesichter in Abbildung 4.2 drücken jeweils etwas sehr Unterschiedliches aus. Was glauben Sie, was sie ausdrücken?

Abb. 4.2

Wir dachten vielleicht an gelangweilt, glücklich, traurig. Auch wenn diese Personen sagen würden: „Das ist interessant", „Darüber bin ich wirklich traurig" oder „Ja, ich amüsiere mich köstlich", würden wir eher ihrem Gesichtsausdruck als ihren Worten Glauben schenken.

Immer wenn wir von Angesicht zu Angesicht mit jemandem kommunizieren, nehmen wir unbewusst seinen Gesichtsausdruck und seine Bewegungen wahr und bilden uns auf der Grundlage dieser Eindrücke eine Meinung darüber, was gerade abläuft. Verhalten drückt die deutlichsten Botschaften aus. Wenn wir lernen, diese Hinweise bewusst und sorgfältig zu deuten, können wir eine ganze Menge über unsere Gesprächspartner erfahren, zusätzlich zu dem, was sie möglicherweise sagen.

Überlegen Sie sich jetzt einmal ein paar Verhaltensweisen, die uns non-verbale Hinweise geben. In die rechte Spalte von Tabelle 4.1 können Sie eintragen, welche Bedeutung der jeweilige Hinweis haben könnte.

Tabelle 4.1 *Non-verbale Hinweise*

Hinweise	Mögliche Bedeutung
Jemand nickt mit dem Kopf	
Jemand schüttelt den Kopf langsam/schnell	
Jemand dreht sein Gesicht weg	
Jemand sieht Sie an, die Augen sind jedoch nach unten oder in eine andere Richtung gerichtet	
Starrende Augen	
Ein leichtes Lächeln	
Fest geschlossene Lippen	
Unterkiefer ist nach unten gefallen	
Ein tiefer Atemzug	
Ein Seufzer	
Ein breites Lächeln	
Eine leise Stimme	
Eine laute Stimme	
Eine zittrige, zögernde Stimme	

Notieren Sie die Antworten auf folgende Fragen.
Wie sehr sind Ihnen non-verbale Elemente bei der Kommunikation am Arbeitsplatz bewusst? Welche Bedeutung haben diese Elemente bei der Kommunikation am Arbeitsplatz?

Welches ist Ihrer Meinung nach der ausdrucksstärkste Teil des Körpers? Welcher Teil von uns sagt am meisten aus?

____

____

Was können wir an den Augen unseres Gesprächspartners ablesen?

____

____

Würden Sie folgenden Aussagen zustimmen?

- In den meisten Arbeitsumgebungen findet ein Großteil der Kommunikation non-verbal statt. Kooperation, Teamwork, Konflikt, Widerspruch, Zögern, Zustimmung, Vorbehalte und Demotivation sind nicht nur in Worten zu erkennen. Über Führungskräfte hört man häufig die Aussagen: „Der meint nicht, was er sagt". Oder „Sie praktizieren nicht, was sie predigen"; „Sie sagen das eine und meinen etwas anderes". Es ist wichtig zu verstehen, dass wir immer kommunizieren, ob wir nun reden oder nicht.
- Die meisten Menschen sind der Meinung, dass fast alle Botschaften im Gesicht zu lesen sind – das Gesicht ist „der Spiegel der Seele". Der Kopf und das Gesicht zeigen eine ganze Reihe von non-verbalen Botschaften. Natürlich sind die Botschaften, die wir aufnehmen, nicht immer hundertprozentig richtig. Manchmal deuten wir bestimmte non-verbale Hinweise, die wir von unseren Gesprächspartnern bekommen, falsch. Interpretationen können falsch sein und wir müssen unsere Interpretation manchmal überprüfen, indem wir Fragen stellen.
- Augenkontakt ist sehr wichtig. Er kann Interesse, Respekt, Desinteresse und Langeweile vermitteln. Er ermöglicht es jedem von uns, dem anderen zu signalisieren, mit dem Reden anzufangen oder aufzuhören. Er ist vor allem beim Zuhörer wichtig. Wenn jemand, mit dem wir reden, uns nicht ansieht, gehen wir meistens davon aus, dass er nicht zuhört.

Denken Sie auch einmal an andere Möglichkeiten, wie wir ohne Worte kommunizieren können:

- Durch unsere Körperhaltung
- Durch Kleidung
- Durch die räumliche Konstellation

Körperhaltung

Die Körperhaltung sagt uns eine ganze Menge über die Gefühle unseres Gegenübers. Die Art und Weise, wie es sitzt, steht, sich bewegt und geht, signalisiert uns, ob es entspannt, glücklich, abwesend, angespannt oder wütend ist. Unbewusst setzen wir unsere Hände und Arme ein, um zu verdeutlichen, was wir sagen. Wir benutzen sie, um bestimmte Dinge zu unterstreichen oder um Gefühle auszudrücken.

Überlegen Sie in den nächsten paar Tagen einmal, welche Körperhaltung Menschen beim Kommunizieren einnehmen und wie sie sich bewegen (einschließlich Hände, Arme und Beine). Überprüfen Sie hin und wieder Ihre eigene Körperhaltung und die Botschaften, die Sie aussenden. Im Augenblick sollen Sie lediglich über die Beispiele nachdenken, die wir in Tabelle 4.2 beschreiben. Notieren Sie in der rechten Spalte, welche Botschaft(en) die einzelnen Körperhaltungen jeweils vermitteln.

Kleidung vermittelt Botschaften

Was können wir anhand der Kleidung einer Person über jemanden sagen? Die Kleidung bildet einen Großteil des ersten Eindrucks. Wenn der Kontakt länger andauert, können wir mehr Informationen über die Person oder eine Situation sammeln und der Einfluss der Kleidung verliert an Bedeutung. Trotzdem sagt unsere Kleidung etwas über uns selbst aus und es ist ratsam, sich dessen bewusst zu sein und darauf zu achten, dass unser Erscheinungsbild das über uns aussagt, was wir aussagen möchten.

Tabelle 4.2 *Körperhaltung*

Hinweis	Mögliche Bedeutung
Im Stuhl „hängen"	
Aufrecht auf der Stuhlkante sitzen	
Nach vorne zu jemandem geneigt sitzen	
Mit gefalteten Armen und überkreuzten Beinen sitzen	
Hände fest zusammengepresst	
Hände offen, Arme zum Gegenüber ausgestreckt	
Auf und ab gehen	
Schulterzucken	
Händereiben	
Herumspielen mit Schlüsseln oder Stiften	
Still und entspannt sitzen und jemanden ansehen	
Im Stuhl zurücklehnen, die Hände hinterm Kopf gefaltet	

In welcher Art von Kleidung fühlen Sie sich wohl?

____

____

Gibt es an Ihrem Arbeitsplatz eine Kleiderordnung? Welches sind die „Botschaften" der Kleidung, die Menschen am Arbeitsplatz tragen?

____

____

Gibt es unterschiedliche Erwartungen bezüglich des Erscheinungsbildes auf unterschiedlichen Ebenen und in unterschiedlichen Funktionen? Welche Botschaften werden dadurch vermittelt?

____

____

Gibt es Kleidungsstücke, die Sie am Arbeitsplatz abstoßend oder irritierend finden würden?

____

____

Inwieweit ist Kleidung ein zuverlässiger Indikator dafür, wie jemand wirklich ist?

____

____

In unterschiedlichen Situationen hat Kleidung sicherlich eine unterschiedliche Bedeutung. Sie fühlen sich möglicherweise in Jeans wohl. Jeans sind für die Freizeit angemessen, doch in den meisten Büros werden Jeans nicht gerne gesehen. Die Kleidung, die wir zu Hause oder im Büro tragen, spiegelt wahrscheinlich die „Uniform" der sozialen Gruppe wider, der wir angehören. Wir neigen dazu, nach dieser Uniform bei anderen zu suchen und sie zu erkennen. Jemanden, der offensichtlich eine andere „Uniform" trägt, nehmen wir nicht so deutlich wahr oder wir lehnen ihn innerlich sogar ab. Manche Experten behaupten, dass wir bei Bewerbungsgesprächen erfolgreicher sind, wenn wir uns angemessen kleiden und eine „Uniform" tragen, die jemandem angemessen wäre, der eine Stufe über uns steht.

Kleidung ist nicht unbedingt ein verlässlicher Hinweis darauf, wie jemand wirklich ist. Sie sagt nichts darüber aus, wie pünktlich oder effizient jemand ist, wie fürsorglich jemand ist oder wie viel Geld jemand hat. Vielleicht finden Sie sogar, dass es unfair und oberflächlich ist, jemanden nach seiner Kleidung zu beurteilen. Tatsache ist jedoch, dass das, was wir tragen, sehr wohl eine Bedeutung hat. Kleidung, die der Situation nicht angemessen ist, steht der Botschaft, die wir vermitteln möchten, im Wege.

Die räumliche Konstellation

Die Art und Weise, wie wir unsere Sitzposition in dem zur Verfügung stehenden Raum wählen, sendet ebenfalls deutliche Signale.

Schauen Sie sich einmal Abbildung 4.3 an.

Abb. 4.3

Was sagt Ihnen die Konstellation über die Beziehung zwischen den Menschen in den drei Situationen?

Beobachten Sie einmal die Menschen, die bei Gesprächen herumstehen. Wie direkt wenden sie sich zu? Gibt es eine optimale Entfernung oder Position, die das Reden erleichtert? Bewegen sich die Personen sehr viel? Wie kann man dieses Verhalten interpretieren?

Natürlich gibt es wichtige kulturelle Unterschiede in der Art und Weise, wie Gesprächspartner den Raum zwischen sich aufteilen. So ist in Großbritannien außerhalb der eigenen vier Wände körperlicher Kontakt eher selten. Wenn der Gesprächspartner nicht außergewöhnlich freundlich ist, dann ist ein Händedruck wahrscheinlich das Äußerste, was man von einem Engländer als Körperkontakt erwarten kann. Zu weit auseinander zu stehen oder zu nah beieinander kann die Unterhaltung erschweren. In unserer Kultur wird ein Abstand von ca. einem Meter zum Gesprächspartner als angemessen empfunden. Wenn die Menschen zu dicht beieinander stehen oder sitzen, fühlen sie sich unwohl. Probieren Sie das einmal aus, indem Sie näher an Ihren Gesprächspartner heranrücken, als Sie es gewöhnlich tun würden. Wahrscheinlich wird er sich von Ihnen wegbewegen.

Zwei Menschen, die an einem Tisch miteinander reden, werden wahrscheinlich die in Abbildung 4.4 dargestellten Positionen einnehmen.

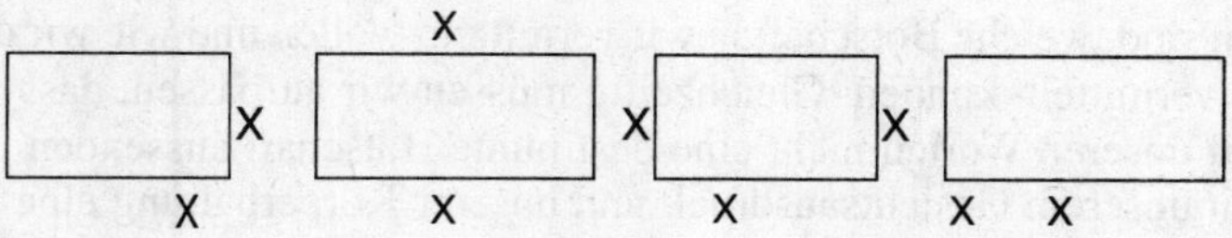

Abb. 4.4 *Positionen*

Physische Hindernisse zwischen Gesprächspartnern, wie z.B. ein Schreibtisch oder Tisch, vermitteln meistens Trennung und Distanz zwischen den Partnern. Hinter einem Schreibtisch oder auf einem höheren Stuhl zu sitzen oder über jemandem zu stehen kann ein Ausdruck von Macht sein. Überlegen Sie jetzt einmal, wie Sie diese Beobachtungen bei sich selbst anwenden können.

Wenn jemand in Ihr Zimmer kommt und Sie möchten, dass er oder sie sich unwohl fühlt, wo und wie könnten Sie sich selbst positionieren, um das zu erreichen?

____

____

Wenn Sie möchten, dass jemand sich willkommen und wohl fühlt, wie könnten Sie das erreichen?

____

____

Wenn ein Fremder Sie zu Hause besuchen würde, was würde er oder sie über Sie erfahren, wenn er sich in Ihrem Wohnzimmer umsieht?

____

____

Diese Übungen haben Sie wahrscheinlich daran erinnert, dass nonverbale Kommunikation bei der Kommunikation von Angesicht zu Angesicht ein wichtiger Faktor ist. Ob wir uns dessen bewusst sind oder nicht: Wir senden Signale über uns aus. Die Art und Weise, wie wir uns kleiden, wie wir sitzen, stehen und gehen, verrät anderen etwas über uns, deshalb ist es wichtig, dass wir uns darüber im Klaren sind, welche Botschaften wir vermitteln wollen und wie wir diese vermitteln können. Gleichzeitig müssen wir aufpassen, dass wir mit unseren Worten nicht eine bestimmte Botschaft aussenden und mit unserem Gesichtsausdruck und unserer Körperhaltung eine andere!

Während wir kommunizieren, können wir meistens anhand des Gesichtsausdrucks unseres Gegenübers feststellen, wie unsere Botschaft bei ihm ankommt; ob man unseren Ideen, Ansichten und Fragen zuhört und sie versteht, mit ihnen übereinstimmt und so weiter. Wir können feststellen, wann wir etwas wiederholen oder anders betonen müssen und welche Wirkung unsere Worte auf die Gefühle unseres Gesprächspartners haben.

Als Zuhörer bzw. Empfänger müssen wir versuchen, mit nonverbalen Signalen unser Interesse zu zeigen – Blickkontakt, Nicken, passende Gesichtsausdrücke, sich dem Sprecher zuwenden, wenn wir uns hinsetzen, und so weiter. Unser Körper kommuniziert ständig. Die Schlüsselsignale beim Reden und Zuhören sind:

- sich dem Gesprächspartner zuwenden,
- eine offene Körperhaltung,
- nach vorne lehnen,
- Blickkontakt halten,
- entspannt sein.

Überlegen Sie jetzt einmal, wie Sie Ihr neues Wissen über non-verbale Kommunikation im täglichen Kontakt zu anderen und bei der Gestaltung Ihres Arbeitsplatzes anwenden können.

Drei Dinge will ich verändern, um meine non-verbale Kommunikation zu verbessern:

____

____

Feedback geben und bekommen

Ein Großteil der zwischenmenschlichen Kommunikation am Arbeitsplatz besteht aus dem so genannten Feedback.

Wenn jemand uns sagt, was er über eine Aufgabe, die wir erledigt haben, über die Ergebnisse eines Projektes, die Durchführung eines Meetings oder über einen Bericht, den wir erstellt haben, denkt, dann handelt es sich um Feedback. Feedback hilft uns, mehr über uns selbst und darüber zu erfahren, welche Auswirkungen unser Verhalten auf andere hat. Wenn Feedback konstruktiv und mit Bedacht geäußert wird, steigert es unser Bewusstsein über unser Verhalten und fördert unsere persönliche Entwicklung. Wenn Feedback destruktiv und unbedacht gegeben wird, führt es lediglich dazu, dass sich der Betreffende schlecht fühlt und keine konkreten Ziele hat, auf die er hinarbeiten kann. Das heißt nicht, dass jede Art konstruktiven Feedbacks positiv sein muss. Auch negatives Feedback, wenn es mit Bedacht geäußert wird, kann für unsere persönliche Entwicklung und die Entwicklung anderer nützlich und wichtig sein.

Wenn Sie sich an eine Situation erinnern, in der Sie ein Feedback für eine Sache, die Sie getan oder gesagt haben, bekommen haben, das Sie als positiv empfunden haben, versuchen Sie die Situation zu beschreiben und Gründe zu nennen, warum Sie es als konstruktiv empfunden haben.

____

____

Als Führungskraft müssen Sie den Mitgliedern Ihres Teams wahrscheinlich regelmäßig Feedback über deren Leistung oder die Ergebnisse bestimmter Maßnahmen geben. Wenn Ihre eigenen Gefühle über eine bestimmte Art von Feedback positiv waren, ist es wahrscheinlich, dass die Person, von der Sie das Feedback bekamen, dieses mit Bedacht tat und wahrscheinlich einige der folgenden Regeln befolgt hat. Prüfen Sie einmal, ob Sie die eine oder andere wieder erkennen.

Wie man Feedback hilfreich und konstruktiv gestaltet

1. *Seien Sie sich darüber im Klaren, was Sie bewirken wollen. Feedback ist eine Methode, um jemanden zu motivieren und zu besserer Leistung anzuregen. Es ist mehr, als lediglich seine Meinung über jemanden zu äußern oder sich mal etwas „von der Seele zu reden", und es unterscheidet sich von bloßem Lob oder Kritik!*
2. *Überlegen Sie, was Sie der Person vermitteln möchten. Es ist wichtig, dass Sie das gleich richtig machen, deshalb sollten Sie sich sorgfältig vorbereiten, vorausschauend denken und alle Informationen und Daten sammeln, die Sie benötigen, um das zu belegen, was Sie sagen wollen.*
3. *Wählen Sie Ort und Zeitpunkt möglichst sorgfältig. Es ist notwendig, dass die betreffende Person für das, was Sie sagen wollen, auch aufnahmebereit ist. Achten Sie also darauf, dass es sich um einen Austausch auf hohem Niveau handelt. Der Ort sollte möglichst wenig Ablenkung bieten und möglichst frei von Störungen durch Dritte sein. Der Zeitpunkt sollte so gewählt sein, dass Sie beide sich voll auf das angesprochene Thema konzentrieren können.*
4. *Beginnen Sie mit dem Positiven. Ihre Aufgabe besteht darin, Ihren Gesprächspartner zum Zuhören zu motivieren. Es ist sowohl für Sie als auch für ihn wichtig, dass er aufnahmebereit ist. Wenn Sie mit dem Negativen beginnen, führt das meistens dazu, dass der andere in Verteidigungsstellung geht und nur widerwillig zuhört. Ein positiver Anfang, die Anerkennung dessen, was er gut gemacht hat, signalisieren, dass Sie ihn nicht aufgeben, sondern konstruktiv sein wollen.*
5. *Konzentrieren Sie sich auf ein bestimmtes Verhalten oder bestimmte Ergebnisse. Verallgemeinerungen („Sie bringen in letzter Zeit nicht so gute Leistungen" oder sogar „Sie bringen insgesamt sehr gute Leistungen") sind meistens wenig hilfreich, denn der Betreffende fühlt sich entweder gut oder schlecht, ohne etwas über die Gründe für seine Leistung zu erfahren. Wenn Sie sich auf die konkreten Punkte konzentrieren („Die Tatsache, dass Ihr Kundenzufriedenheitswert nur bei 80 Prozent lag, hat mich wirklich enttäuscht"), macht dem Betreffenden deutlich, was er in Zukunft vermeiden oder wieder genauso machen soll.*

6. *Beschreiben Sie lieber, was passiert ist und wozu das geführt hat, und bewerten Sie nicht. Wenn man sich als Richter aufspielt oder den anderen kritisiert, sinkt wahrscheinlich seine Bereitschaft, zuzuhören und entsprechend zu reagieren („Die Tatsache, dass Sie jetzt schon dreimal zu den Teammeetings zu spät gekommen sind, hat nicht nur mich, sondern auch Ihre Teamkollegen geärgert" ist besser als „Sie sind unzuverlässig und zeigen nicht genug Interesse").*
7. *Konzentrieren Sie sich auf die Kernbereiche. Wenn Sie versuchen, zu viel auf einmal abzudecken, verwirren Sie Ihren Gesprächspartner nur. Konzentrieren Sie sich auf die wichtigsten Erfolge und Kernbereiche, in denen Sie eine Verbesserung wünschen. Sagen Sie klar und deutlich, was Sie erwarten.*
8. *Bitten Sie lieber um Ideen und Vorschläge, als lediglich Aussagen zu machen: „Wie hätten Sie das Problem sonst noch lösen können?"; „Wie hätte ich Ihnen darüber hinaus noch helfen können?" Fragen wie diese machen aus der Unterhaltung einen gleichberechtigten Dialog anstelle eines Monologs des Vorgesetzten, den die meisten Mitarbeiter überhaupt nicht gerne hören. Entweder Sie beziehen die Mitarbeiter in diese Feedbackgespräche mit ein oder Sie blockieren ihre persönliche Entwicklung.*
9. *Fassen Sie Gesprächsinhalte zwischendurch zusammen oder bitten Sie Ihren Gesprächspartner, dies zu tun. Zusammenfassungen erzwingen Klarheit über Gedankengänge während eines Gesprächs. Außerdem helfen sie beiden Partnern festzustellen, ob sie noch auf einer Wellenlänge liegen und sich darüber einig sind, was vorgefallen ist und was erforderlich gewesen wäre.*
10. *Denken Sie daran, dass Feedback über Sie ebenso viel verrät wie über den Empfänger. Die Qualität unseres Feedbacks, die Bereiche, auf die wir uns konzentrieren, und unsere Bereitschaft, Dinge über uns selbst als Führungskraft zu offenbaren, müssen etwas über uns aussagen, mit dem wir uns identifizieren können.*
11. *Bekennen Sie sich zu Ihrem Feedback. Es ist wichtig, dass wir die Verantwortung für das Feedback übernehmen, das wir geben. Wenn man ein Feedback mit „Ich" oder „Ich finde" beginnt, macht man deutlich, dass man nicht etwa eine allgemein gültige Meinung vertritt.*

12. *Lassen Sie Ihrem Gesprächspartner eine Wahl. Ein gutes Feedback gibt den Betreffenden Informationen über sie selbst, und zwar so, dass sie die Wahl haben, ob sie etwas Bestimmtes tun möchten oder nicht.*
13. *Geben Sie das Feedback sobald wie möglich nach dem Ereignis, über das Sie sprechen möchten. Nur ein sofortiges Feedback wird wichtig genommen. Andernfalls wird das Ereignis möglicherweise durch neue Entwicklungen überschattet, die Ihr Feedback bedeutungslos machen können.*

Feedback ist im Interesse einer persönlichen Entwicklung und ständiger Verbesserungen sehr wichtig.

Denken Sie einmal an eine Situation, in der Sie kürzlich jemandem ein Feedback gaben. War das zu Hause, am Arbeitsplatz oder woanders?

____

____

Wie war Ihre Beziehung zu der anderen Person?

____

____

Haben Sie, nachdem Sie die obigen Regeln durchgelesen haben, das Gefühl, dass Ihr Feedback konstruktiv war?

____

____

An welchen Punkten könnten Sie noch arbeiten, um Ihre Feedback-Fähigkeiten zu verbessern?

____

____

Wenn wir der Empfänger von Feedback sind, können wir uns selbst helfen, indem wir den Feedback-Geber dazu ermuntern, einige der obigen Regeln einzuhalten. Wir können uns außerdem helfen, indem wir selbst die folgenden Regeln einhalten.

Wie man Feedback entgegennimmt

1. *Hören Sie sich das Feedback an und weisen Sie es nicht vorschnell zurück oder diskutieren Sie nicht gleich darüber. Es kann manchmal unangenehm sein, Feedback zu bekommen, aber möglicherweise sind Sie im Nachteil, wenn Sie nicht erfahren, was man von Ihrer Arbeit oder Leistung hält. Auf jeden Fall sollten Sie nicht vergessen, dass Sie das Recht auf eine eigene Meinung haben und ein Feedback auch ignorieren können, wenn Sie das Gefühl haben, es sei unwichtig und unzutreffend.*
2. *Seien Sie sich über das im Klaren, was gesagt wurde. Stellen Sie sicher, dass Sie das Feedback verstehen, sonst können Sie es nicht für sich nutzen. Vermeiden Sie voreilige Schlüsse und gehen Sie nicht sofort in Verteidigungshaltung.*
3. *Holen Sie sich auch die Meinung anderer und verlassen Sie sich nicht auf das Urteil einer einzigen Person. Wenn Sie sich immer nur auf das Feedback einer einzigen Person verlassen, könnten Sie den Eindruck bekommen, alle anderen würden die Meinung dieser Person teilen. Vielleicht sehen andere die Situation ganz anders und dadurch bekommt das Feedback ein anderes Gewicht.*
4. *Bitten Sie um Feedback, das Sie gerne hätten, aber nicht bekommen. Möglicherweise müssen Sie es einfordern, wenn es nicht von alleine kommt. Manchmal beschränkt sich das Feedback, das Sie bekommen, auf einen einzigen Aspekt Ihres Verhaltens oder Ihrer Leistung und Sie müssen möglicherweise das Feedback einfordern, das Ihnen weiterhilft, das Sie aber bisher nicht bekommen haben.*
5. *Entscheiden Sie, was Sie als Reaktion auf das Feedback unternehmen wollen. Sie können es für Ihre eigene Entwicklung nutzen. Wenn Sie Feedback bekommen, können Sie seinen Wert einschätzen, die Folgen abschätzen, wenn Sie es ignorieren oder nutzen, und dann entscheiden, was Sie als Konsequenz tun wollen.*
6. *Und schließlich sollten Sie der Person, die Ihnen ein Feedback gibt, danken. Möglicherweise profitieren Sie davon und es war*

für die andere Person vielleicht nicht leicht, mit Ihnen darüber zu reden.

Können Sie einen oder mehrere der obigen Vorschläge nutzen, um Ihre eigene Fähigkeit, Feedback entgegenzunehmen, zu verbessern? Sind irgendwelche der Regeln besonders wichtig für Ihre persönliche Situation oder für Ihre bisherige Reaktion auf Feedback? Notieren Sie alle Aspekte, die Sie in Zukunft nutzen wollen.

An folgendem Punkt möchte ich arbeiten, wenn ich ein Feedback bekomme:

____

____

Feedback zu geben und zu bekommen ist nicht immer einfach und nicht immer angenehm. Diese Regeln machen es Ihnen leichter und vermeiden Verständnisprobleme, die zu einer Konfliktsituation eskalieren könnten.

Im nächsten Abschnitt geht es um das Thema Konflikt, eine mögliche Ursache für eine Kommunikationsunterbrechung und wie man Konflikte bewältigt.

Diskussionen und Auseinandersetzungen – wie man Konflikte bewältigt

Manchmal ist es schwierig, zwischen einer Diskussion und einer Auseinandersetzung zu unterscheiden. Manchmal hat das etwas mit unserer Wahrnehmung zu tun: Die Position, die sich für eine Sache einsetzt, hält es für eine Diskussion, während die andere Person das Gespräch für eine Auseinandersetzung hält. Manchmal entstehen in einer Situation Konflikte, wenn eine Person die Kontrolle über die Situation verliert und der andere darauf entsprechend reagiert.

In diesem Abschnitt werden fünf Verhandlungsstrategien zur Konfliktbewältigung im täglichen Leben vorgestellt. Es handelt sich hierbei um grundlegende Fähigkeiten zur selbstbewussten Kommunikation. Beim Erlernen jeder Fähigkeit gehört der Wille zum Lernen dazu. Klares Denken ist die erste Fähigkeit. Es geht darum, cool zu bleiben, den Prozess zu verstehen und zu beobachten und einzuschätzen, welchen Verlauf ein bestimmtes Gespräch nehmen kann.

Das heißt nicht, dass Sie nach Durcharbeiten dieses Abschnittes jeden beliebigen Konflikt werden bewältigen können, und auch nicht, dass Sie plötzlich in der Lage sein werden, in jeder Situation ruhig zu bleiben! Es heißt lediglich, dass das Bewusstsein über die Prozesse die Grundvoraussetzung dafür ist, dass Sie unkontrollierte Gefühle und irrationale Reaktionen, die der Kern von Konflikten sind, vermeiden können. Und wir sollten uns auch immer darüber im Klaren sein, dass uns, wenn wir im Bewältigen von Konflikten schon geübt sind, unsere Fähigkeiten nicht immer nützen, denn:

- um einen Konflikt zu bewältigen sind zwei Personen nötig.
- Manche Menschen reagieren auf selbstbewusstes Verhalten nicht mit ebenso selbstbewusstem Verhalten. Jemand, der sich passiv oder aggressiv verhält, ist zu einem Problemlösungsprozess nicht mehr in der Lage, so dass Sie möglicherweise bei der Suche nach einer Lösung auf sich alleine gestellt sind.

Mit einem grundlegenden Wissen über Konfliktbewältigungsstrategien haben Sie jedoch eine größere Chance, mehr Zeit und das Gefühl, Ihr Bestes getan zu haben.

Wie denken Sie über Konflikte? Notieren Sie alle Wörter, die beschreiben, was Sie bei zwischenmenschlichen Konflikten empfinden. Schreiben Sie Ihre Empfindungen, ohne lange nachzudenken, auf.

____

____

Wie wir zu Konflikten eingestellt sind, hat direkten Einfluss darauf, wie wir instinktiv mit ihnen umgehen. Behalten Sie einen kühlen Kopf, wenn Sie unter Druck stehen oder angegriffen werden? Sind Sie ein Schmoller, ein Choleriker oder ein Diplomat? Köcheln Sie leise vor sich hin, explodieren Sie oder rennen Sie davon? Es hilft, die eigenen Verhaltensmuster zu kennen, um unsere Reaktionen in schwierigen Situationen zu verbessern und uns intensiver für eine Sache einsetzen zu können.

Schreiben Sie alle Wörter auf, die Ihnen spontan einfallen, wenn Sie sich in einer Streitsituation sehen.

____

____

Jetzt überprüfen Sie Ihre Notizen mit jemandem, der Sie gut kennt – ein Kollege oder ein Familienmitglied. Er oder sie kann die Liste vielleicht noch ergänzen!

Was sind die Ursachen für Konflikte?

Um Konflikte lösen zu können, müssen wir erst einmal wissen, welcher Art die „Differenzen" sind. Konflikte können ihren Ursprung in unterschiedlichen Differenzen haben:

- *Interessen.* Eine Auseinandersetzung zwischen einem Kunden und einem Angestellten oder zwischen zwei Abteilungen kann möglicherweise aus einem Interessenkonflikt rühren – einer Differenz darüber, was jeder der beiden in der Situation erreichen möchte.
- *Missverständnisse.* Ich denke vielleicht, dass mein Gesprächspartner ruhig ist, weil er eingeschnappt ist, dabei hat er in Wirklichkeit nur den Kopf voll mit anderen Dingen. Daraus kann sich ein Konflikt ergeben, weil es eine Differenz zwischen dem gibt, was die beiden Partner voneinander denken.
- *Wertvorstellungen.* Ein Streit über ein bestimmtes Verhalten am Arbeitsplatz oder im Unternehmen kann aus unterschiedlichen Wertvorstellungen herrühren. Unsere Wertvorstellungen, die Dinge, an die wir tief in unserem Innersten glauben (wie Loyalität, Aufrichtigkeit, Konkurrenz etc.), prägen unsere Einstellungen und unsere Prioritäten können sich sehr stark von denen unserer Gesprächspartner unterscheiden, wenn diese andere Wertvorstellungen haben.
- *Stil.* Ein Konflikt, der daraus entsteht, dass eine Person eine bestimmte Aufgabe langsam und methodisch erledigen möchte und die andere schnell und elegant, hat etwas mit unterschiedlichen Arbeitsstilen zu tun. Jeder hat seinen persönlichen Stil und seine Arbeitsweise und ist schnell ungeduldig oder ablehnend, wenn jemand anderes eine andere Art hat, Dinge anzugehen.

- *Meinungen.* Ich finde eine bestimmte Marketingkampagne vielleicht ganz ungewöhnlich und einfallsreich und ein Kollege findet, dass sie langweilig und geschmacklos ist. Dies ist ein Beispiel für einen Meinungskonflikt.

Denken Sie einmal an zwei Konfliktsituationen, in die Sie entweder selbst involviert waren oder die Sie beobachtet haben. Schreiben Sie die Situation nieder und beurteilen Sie dann, worum es in dem Konflikt ging. Ordnen Sie den Konflikt entsprechend den obigen Beschreibungen ein (Interesse, Missverständnis, Wertvorstellungen, Stil oder Meinung).

1. Situation:

____

____

Die Ursache:

____

____

2. Situation:

____

____

Die Ursache:

____

____

Die fünf Verhandlungsstrategien

Wenn man die Basis von Konflikten kennt, hat man eine größere Chance, sie zu lösen. Wenn wir zusätzlich auch noch ein paar entsprechende Strategien zur Verfügung haben, haben wir eine noch größere Chance. Es gibt drei grundlegende Möglichkeiten, mit Konflikten umzugehen:

- aggressiv – den Konflikt auskämpfen
- passiv – sich ducken
- selbstbewusst und entschlossen – verhandeln

Sehen Sie sich noch einmal die Worte an, die Sie am Anfang dieses Abschnitts über Konflikte und Ihr Verhalten in Konfliktsituationen notiert haben. Welche der drei geschilderten Arten der Konfliktlösung entspricht am ehesten Ihrem Stil? „Kämpfen“ und „Ducken“ sind eigentlich keine Konfliktlösestrategien, da sie meistens zu einer Eskalation oder zum Aufschieben einer Lösung führen. Wenn es Ihr Stil ist zu verhandeln, dann haben Sie wahrscheinlich schon Verhandlungsstrategien entwickelt. Wir wollen doch einmal sehen, ob Sie mit uns einer Meinung darüber sind, welches diese Strategien sind. Wir meinen, es sind folgende Fähigkeiten:

1. Den Konflikt identifizieren

Wenn Sie einen Konflikt nicht rechtzeitig erkennen, ist er schwerer zu bewältigen. Einen Konflikt zu erkennen ist aber nicht so einfach, wie es sich anhört. Das liegt zum Teil daran, dass er manchmal das Resultat einer Differenz ist, die anfänglich nicht so gravierend zu sein scheint. Zweitens kann eine Situation sehr schnell eskalieren, wenn ein Tropfen das Fass zum Überlaufen bringt. Vielleicht waren wir zu sehr in die Auseinandersetzung verwickelt, um zu bemerken, wann dieser Zeitpunkt erreicht war, und diejenigen, die zu Aggressivität neigen, wollten den Streit möglicherweise gar nicht beenden.

Schreiben Sie unter den angegebenen Überschriften die verbalen und non-verbalen Hinweise auf, die einen Konflikt signalisieren könnten.

Verbale Hinweise

____

____

Non-verbale Hinweise:

____

____

Vielleicht haben Sie verbale Hinweise identifiziert, wie z.B. Beleidigungen, Sarkasmus, Beharrlichkeit, Beschwerden, Provokation, Weigerung, Ablehnung und Herumbrüllen. Non-verbale Hinweise sind z.B. Türenschlagen, Anstieren, Seufzen, unpassendes Lachen, Gewalt, betonte Ruhe, die sich in Unruhe und schließlich in Hektik verwandelt, und den Raum verlassen. Vielleicht sind Ihnen noch viele andere Dinge eingefallen – es gibt die verschiedensten einfallsreichen Möglichkeiten, wie Menschen zeigen, dass sie mit jemandem nicht einer Meinung sind.

Wenn Sie den Funken, der das Feuer entfachen könnte, entdeckt haben, müssen Sie als Nächstes Folgendes tun:

2. Den Konflikt verstehen

Schauen Sie sich noch einmal die Konfliktsituation an, die Sie an früherer Stelle schon beschrieben haben, und benutzen Sie eine davon, um zu definieren, was das Problem ist. In jeder Situation kann es mehr als eine Ursache für den Konflikt geben. Um ihn zu lösen, müssen wir die Standpunkte aller Beteiligten genau verstehen.

3. Nach einer Gewinner/Gewinner-Lösung suchen

Es ist wichtig, den Anzeichen für Konflikte gegenüber sensibel zu sein und den Standpunkt des Gegners zu verstehen, doch den richtigen Weg zur Lösung des Konfliktes zu finden ist die wichtigste Fähigkeit. Sie können zwischen einer der drei Strategien wählen.

Sie können:

- *Nach einer Gewinner/Gewinner-Lösung suchen* – einer Lösung, die beide Parteien zufrieden stellt oder sogar beiden angenehm ist.
- *Sich auf eine Gewinner/Verlierer-Lösung einstellen*, wobei einer der Beteiligten das Gefühl hat, „verloren“ zu haben, und der Gegner sich als Sieger fühlt.
- *Nichts tun* – manchmal ist dies die richtige Verhaltensweise, wenn die beiden gegnerischen Parteien nicht bereit sind, ihre Differenzen beizulegen. Allerdings sollten Sie noch einmal genau prüfen, ob Sie sich nicht bloß vor dem Thema drücken.

Das eigentliche Ziel der Verhandlungen besteht darin, einen Streit beizulegen und allen Beteiligten das Gefühl zu geben, gewonnen zu haben oder wenigstens nicht verloren zu haben. Können Sie sich an Konflikte erinnern, wo am Ende diese Situationen herrschten:

Gewinner/Gewinner? Welche Tatsache lässt Sie vermuten, dass es sich um eine solche Lösung handelte?

___

___

Gewinner/Verlierer? Warum gehörte diese Lösung zu dieser Kategorie?

___

___

Nichts tun? Warum wurde diese Entscheidung getroffen?

___

___

Wenn Sie sich für eine bestimmte Vorgehensweise entschieden haben, müssen Sie:

4. Zum richtigen Zeitpunkt aktiv werden

Die Kunst besteht darin, sich lange genug zurückzuhalten, um drei wichtige Fragen beantworten zu können. Sie müssen sich fragen:

- Ist die Lösung dieses Konfliktes wichtig genug, um die notwendigen Anstrengungen auf sich zu nehmen?
- Habe ich die Zeit, die ich brauche, um eine Lösung zu erreichen?
- Ist dies der richtige Zeitpunkt, um aktiv zu werden?

Um eine Gewinner/Gewinner-Lösung zu finden, braucht man einen kühlen Kopf, Ruhe, Kooperationsbereitschaft und die Klarheit darüber, was die beiden Parteien als „Gewinn" empfinden würden. Die beste Zeit, aktiv zu werden, ist natürlich, bevor der eigentliche Konflikt überhaupt beginnt. Deshalb müssen wir als Erstes unsere Fähigkeit, ihn zu erkennen, verbessern. Wenn wir uns aber erst in einer Konfliktsituation befinden, müssen wir unsere eigenen Gefühle unter Kontrolle behalten, um klar denken zu können. Manchmal kann es helfen, sich in die Lage des anderen zu versetzen, um sich von seinen eigenen Gefühlen abzulenken und Zeit zu gewinnen, die richtigen Fragen zu stellen.

5. Analyse

Wenn wir eine Lösung finden, die für beide Partner akzeptabel ist, können wir besser analysieren, was beide Parteien bereit sind, für eine Gewinner/Gewinner-Situation zu tun. Wenn Sie Angebote machen, analysieren Sie die Bereitschaft der Gegenpartei, diese anzunehmen, sowie deren Stimmung, damit sich keine latenten Widerstände aufbauen.

Mit dem Fragebogen in Tabelle 4.3 können Sie die nächste Konfliktsituation, in die Sie geraten, analysieren. Wenn Sie ihn ausfüllen, können Sie die einzelnen Phasen identifizieren und erkennen, welche Fähigkeiten notwendig sind. Sie können auch einen Konflikt analysieren, den Sie bereits hinter sich haben, um daraus etwas zu lernen.

Wir haben Ihnen jetzt die Fähigkeiten zur Verhandlung vorgestellt – Konflikte erkennen, sie verstehen, nach einer Gewinner/Gewinner-Lösung suchen, zum richtigen Zeitpunkt aktiv werden und die Situation analysieren. Nutzen Sie diese Strategien und üben Sie sie.

Für den Moment soll es genügen, wenn Sie einfach aufschreiben, woran Sie in potenziellen Konfliktsituationen in der Zukunft arbeiten wollen.

Tabelle 4.3 *Fragebogen zur Analyse von Konfliktsituationen*

1.	Wann hatten Sie den Konflikt?
2.	Mit wem?
3.	Worum ging es? (Beschreiben Sie kurz die Diskussion.)
4.	Ursachen – entstand der Konflikt aufgrund von: a) Interessen: Differenzen in dem, was Sie wollten und was sie/er wollte? b) Missverständnisse: Differenzen in dem, was Sie verstanden haben und was sie/er verstanden hat? c) Wertvorstellungen: Differenzen in dem, was Ihnen wichtig ist und was ihr/ihm wichtig ist? d) Stil: Unterschiedliche Arbeitsstile? e) Meinungen: Differenzen in dem, was Sie denken und was sie/er denkt? Kreuzen Sie das entsprechende Feld an und beschreiben Sie kurz die tatsächliche Ursache.
5.	Reaktionsweise – wie haben Sie reagiert? Waren Sie: a) wütend und haben es gezeigt? b) wütend und haben es nicht gezeigt? c) wütend, sind aber ruhig geblieben?
6.	Reagieren Sie meistens so auf Konflikte?
7.	Hatten Sie nach dieser Reaktion ein gutes Gefühl: a) bezüglich Ihrer eigenen Person? b) bezüglich Ihres Gegenübers?
8.	Konfliktbewältigung – als Sie den Konflikt erkannten, welches Ergebnis/welche Lösung haben Sie angestrebt?
9.	Wussten Sie ganz genau, welche Meinung Ihr Gegner vertrat? Wenn nicht, was haben Sie getan, um sie herauszufinden? Wenn Sie nichts dazu getan haben, warum nicht?
10.	a) Wollten Sie die Auseinandersetzung gewinnen und den anderen besiegen? b) Wussten Sie, dass Sie verlieren würden, und deshalb haben Sie es gar nicht erst versucht?

	c) Haben Sie nach einer Lösung gesucht, in der es keine Verlierer gab?
11.	a) Haben Sie immer sehr schnell Gegenargumente gefunden? b) Haben Sie einen Moment gewartet, bis Sie geantwortet haben? c) Haben Sie zu viel Zeit verstreichen lassen, bevor Sie reagiert haben?
12.	Fühlten Sie sich nach dem Konflikt gut/schlecht? Fühlte sich die andere Person gut/schlecht? Beschreiben Sie, wie sich der andere Ihrer Meinung nach fühlte.
13.	Wer gewann? a) Sie? b) Er/sie? c) Sie beide? d) Keiner von Ihnen?

Das Gelernte anwenden

Ziel dieses Abschnitts ist es, Ihre Fähigkeiten in der zwischenmenschlichen Kommunikation zu verbessern. Um Ihre Fähigkeiten zu verbessern, müssen Sie die Gelegenheit haben, die genannten Strategien auch zu üben. In diesem Abschnitt geht es um Situationen, in denen Sie das tun können. Um die Fähigkeiten zu trainieren, müssen Sie jemanden finden, der mit Ihnen übt, wobei manche Übungen sich am besten in kleinen Gruppen von vier bis sechs Personen üben lassen.

Wenn Sie dieses Buch am Arbeitsplatz durcharbeiten, könnten Sie möglicherweise jemanden aus der Ausbildungsabteilung bitten, solche Übungssituationen in Gruppen zu organisieren. Wenn Sie es zu Hause durcharbeiten, überlegen Sie einmal, welche Möglichkeiten Sie dort haben, mit jemandem zu üben.

Möglichkeiten zum Trainieren von Kommunikationsfähigkeiten

1. Möglichkeit

Zu sehen, wie andere kommunizieren, kann uns helfen, unsere eigenen Fähigkeiten zu verbessern. Sie können z.B. die Checkliste in Tabelle 4.4 benutzen, wenn Sie in einer Konferenz sitzen. Beobachten Sie, welche Fähigkeiten die Teilnehmer haben, und kreuzen Sie die an, die Sie erkennen.

Aktives Lernen – Fähigkeiten üben

Sie können diese Checkliste auch für andere Situationen verwenden. Zum Beispiel:

- Sehen Sie sich eine Fernsehsendung an, in der mehrere Menschen miteinander reden oder diskutieren. Eine Talk-Show oder eine Podiumsdiskussion eignen sich wahrscheinlich am besten dazu. Beobachten Sie die Sender und Empfänger und kreuzen Sie die Strategien an, die Sie erkennen.
- Verabreden Sie sich mit zwei weiteren Personen. Jeder von Ihnen sollte fünf Minuten lang über ein bestimmtes Thema sprechen. Jeder ist abwechselnd einmal der Sender (der über das Thema spricht), der Empfänger (der sorgfältig zuhört, was der andere zu sagen hat) und der Beobachter (der zuhört und beobachtet und mit Hilfe der Checkliste prüft, welche Strategien Sender und Empfänger benutzen). Mögliche Themen könnten z.B. sein: „Ein Job, der mir wirklich gefallen würde“ – „Wenn ich im Lotto gewinnen würde“ – „Die größten Vorteile und die größten Nachteile meines Wohnortes“ oder „Gewalt und Vandalismus und was man dagegen tun könnte“.

Tabelle 4.4 *Kommunikationsfähigkeiten trainieren – 1. Möglichkeit*

Ankreuzen	Sender
	Schien gut vorbereitet zu sein Sprach klar und deutlich Variierte die Stimmlage Stellte nur eine Idee zur Zeit vor und vermied Komplikationen Hielt guten Blickkontakt mit seinen Zuhörern Gab Beispiele zum besseren Verständnis, vermied Zweideutigkeiten Machte Pausen, so dass die Zuhörer Gelegenheit hatten, Fragen zu stellen Fasste zwischendurch zusammen, so dass die Zuhörer immer auf dem Laufenden waren Behandelte seine Zuhörer mit Respekt, schien freundlich zu sein Verbale Botschaft war im Einklang mit den non-verbalen Signalen
Ankreuzen	**Empfänger**
	Hielt Blickkontakt zum Sprecher Wandte dem Sprecher das Gesicht zu, schien entspannt und offen zu sein Hat nicht unterbrochen Stellte zum Verständnis wichtige Fragen Zeigte aktives Interesse Achtete auf die Gefühle des Gegenübers Bat um Erklärungen zum besseren Verständnis War nicht kritisch, ungeduldig oder gelangweilt Wirkte konzentriert, saß bzw. stand still, wirkte nicht nervös Sprach klar und deutlich Hat das Gespräch nicht an sich gerissen Fasste zusammen, um zu prüfen, ob er alles richtig verstanden hat

Wenn Sie anderen häufig Anweisungen geben müssen oder andere anleiten, dann ist für Sie möglicherweise eine andere Variante sinnvoll. Genau wie oben wechseln Sie sich als Sender, Empfänger und Beobachter ab, doch anstatt über ein Thema zu reden, muss jeder Sender sehr sorgfältige Anweisungen geben, wie eine bestimmte Aufgabe zu erledigen ist – z.B. wie man ein Laptop benutzt, im Internet surft, eine Präsentation für die Geschäftsführung vorbereitet oder einen Urlaub plant.

Wenn Sie wollen, können Sie sich eine Aufgabe aussuchen, für die Sie zu Hause oder am Arbeitsplatz häufig Anweisungen geben müssen. Am Ende der Übung sollten Sie sich zehn Minuten Zeit geben und einander über das Beobachtete konstruktives Feedback geben.

2. Möglichkeit

Dies ist eine Übung für drei oder vier Personen. Jeder hat drei oder vier Minuten Zeit, sich vorzubereiten, um dann seine Meinung zu einem Thema zu äußern, über das in der Gruppe Uneinigkeit herrscht – z.B. „Die Todesstrafe sollte wieder eingeführt werden“, „Gleichberechtigung von Frauen ist wichtig“, „Religion ist nicht mehr zeitgemäß“, „Man sollte die Sozialhilfe kürzen“ und so weiter.

Lassen Sie die erste Person ungefähr drei Minuten lang über ihre Meinung reden. Die zweite Person fasst dann die Ansichten der ersten Person zusammen und antwortet kurz, wobei sie ihre eigene Meinung über das Thema ausdrückt. Dann spricht die zweite Person drei Minuten lang und legt ihren Standpunkt über ein anderes Thema dar. Die dritte Person fasst zusammen, antwortet und so weiter.

Wenn die letzte Person gesprochen hat, sollte die erste Person zusammenfassen, was gesagt wurde, und wiederum ihre eigene Meinung dazu sagen.

Anschließend sollten Sie die unten stehenden Fragen diskutieren und sich Notizen machen.

Wie schwierig ist es, genau zuzuhören, was eine andere Person sagt? Was macht es so leicht oder schwierig?

____

____

Wie schwierig ist es, wenn man selbst etwas sagen möchte? Welches sind die Konsequenzen, wenn man nicht zuhört?

Hilft es, bestimmte Aussagen zusammenzufassen? Wenn ja, warum?

Wie kommt es, dass die Kommunikation in einer Gruppe schwieriger ist als zwischen zwei Personen?

Vielleicht haben Sie sich im Laufe Ihrer Diskussion an etwas erinnert, das wir über Ablenkung gesagt haben. Man lässt sich leicht ablenken und hört nicht mehr genau zu, wenn man etwas anderes im Kopf hat oder selbst unbedingt etwas loswerden möchte. Zusammenfassungen sind eine sinnvolle Möglichkeit, sich genau auf das zu konzentrieren, was der Sender vermitteln möchte. Sie geben dem Sender eine Rückmeldung darüber, was beim Empfänger angekommen ist und ob seine Botschaft richtig verstanden wurde; und sie hilft dem Empfänger zu prüfen, ob er die Botschaft richtig verstanden hat.

3. Möglichkeit

Diese Variante bietet die Möglichkeit, über ein Thema nachzudenken, bei dem es Ihnen schwer fällt, es mit einer bestimmten Person zu besprechen. Diese Übung ist für Gruppen von vier bis sechs Personen gedacht.

Wenn Sie diese Übung als Gruppenübung durchführen, sollte jeder von Ihnen über ein Thema nachdenken, bei dem es ihm schwer fällt, es mit einer bestimmten Person zu besprechen. In Tabelle 4.5 finden Sie ein paar Beispiele, die Sie auf weitere Ideen bringen sollen.

Sie sollten in der Gruppe jetzt etwa 20 Minuten über die gewählten Beispiele diskutieren. Die folgenden Fragen sollen Ihnen dabei helfen:

- Warum ist das Thema so schwierig?
- Welche Herausforderungen bezüglich der Kommunikation gibt es, wenn ein Thema schwierig ist?
- Ist es für alle Beteiligten schwierig?
- Wovor fürchtet sich der Sender, wovor der Empfänger?
- Welche speziellen Strategien helfen uns, uns auf das eigentliche Thema zu konzentrieren?

Sie haben sich nun mit der zwischenmenschlichen Kommunikation auseinander gesetzt und einige Strategien geübt. Hier noch einmal eine Zusammenfassung des Prozesses, über den wir gesprochen haben und der als Modell für den Ablauf eines persönlichen Kommunikationsprozesses, wie wir ihn untersucht haben, gelten kann (Abb. 4.5).

Tabelle 4.5 *Kommunikationsfähigkeiten trainieren – 3. Möglichkeit*

Es ist schwierig über ... zu sprechen	Mit ...
fehlende, angemessene Unterstützung	Ihrem Vorgesetzten
eine Gehaltserhöhung	Ihrem Chef
eine Beförderung	Ihrem Chef
Dinge, die uns Sorgen machen oder die wir fürchten	jemandem, der uns für stark hält
eine Beziehung beenden	dem Partner
Schwierigkeiten oder Frust im Job	Ihrem Chef oder Kollegen
Ihre eigenen Beispiele:	

Maßnahmenkatalog

Jetzt, wo Sie dieses Material über zwischenmenschliche Kommunikation im Selbststudium durchgearbeitet haben, sehen Sie sich noch einmal die ursprünglichen Ziele an, einschließlich derer, die Sie sich selbst gesetzt haben. Haben Sie sie erreicht? Jetzt, wo Sie eine Reihe von Übungen gemacht haben, die Ihnen helfen sollen, Ihre Kommunikationsfähigkeiten zu verbessern, wie wollen Sie die gelernten Strategien einsetzen? Mithilfe der folgenden Überschriften sollten Sie für sich selbst einen Maßnahmenkatalog aufstellen.

Sender	Beziehung	Empfänger
die Person, die etwas mitteilen möchte		die Person, die sich der Botschaft des Senders öffnet
hat		**hat**
Ziele oder Absichten zu informieren herauszufinden zu überzeugen mitzuteilen zu organisieren zu überwachen zu verhandeln zu widersprechen zu erreichen zu ändern etc.	gemeinsames Interesse individuelles Interesse	Ziele oder Absichten zu lernen zu beurteilen mitzuteilen zu kooperieren zuzustimmen zu verhandeln zu verstehen etc.
benutzt		**benutzt**
Fähigkeiten beim Senden verbal non-verbal	Kontext: Zeit, Ort, Geschlecht, Alter und Beziehung der Gesprächspartner Konsequenz oder Ergebnisse: gemeinsame oder individuelle Ziele erreicht oder Kompromiss geschlossen	Fähigkeiten beim Empfangen verbal non-verbal

Abb. 4.5 *Ein Kommunikationsmodell*

Zwei Dinge, die ich bei der Kommunikation mit anderen schon gut beherrsche:

____

____

Zwei Dinge, an denen ich besonders intensiv arbeiten möchte:

____

____

Zwei Dinge, die ich tun kann, um meine Effektivität als Sender zu steigern:

____

____

Zwei Dinge, die ich tun kann, um meine Effektivität als Empfänger zu steigern:

____

____

TEIL III
GRUPPENKOMMUNIKATION UND MEETINGS

Wir sollten uns jetzt einmal mit einem ganz bestimmten Aufgabenbereich einer Führungskraft beschäftigen – der erfolgreichen Planung und Durchführung von Meetings.

Meetings sind, wenn sie gut geplant und durchgeführt werden, ein wertvoller Beitrag zu einem positiven Arbeitsklima und produktiver Kommunikation. Eine effektive Führungskraft weiß, dass Meetings sorgfältig vorbereitet werden müssen, dass man das Ziel nicht aus den Augen verlieren darf, darauf achten muss, dass jeder die Gelegenheit bekommt, etwas zu sagen, dass die Teilnehmer ermuntert werden, ihre Ideen zu äußern, dass gruppendynamische Prozesse überwacht werden müssen, dass die Umgebung dem Meeting förderlich ist, dass man die Arbeit der einzelnen Arbeitsgruppen koordiniert, die Abläufe in den Untergruppen im Auge behält und entscheidet, wann es sinnvoll ist, von der Tagesordnung abzuweichen.

Einige dieser Aufgaben liegen uns, andere nicht. Die gute Nachricht ist, dass es viele Ideen und Verhaltensweisen gibt, die wir lernen können und die uns bei der Koordination helfen und uns so produktiver machen. Im Folgenden werden einige dieser Verhaltensweisen dargestellt.

5. Was ein Meeting erfolgreich macht

Ob formell oder informell – Meetings sind ein unverzichtbarer Bestandteil von Organisationen oder Teams, die zusammenarbeiten. Die Menschen müssen miteinander reden, Ideen und Informationen austauschen und ihre Bemühungen koordinieren. Leider haben Meetings in vielen Organisationen einen schlechten Ruf und gelten bei vielen als Zeitverschwendung. Ein Zyniker sagte einmal: „Ein Meeting ist eine Gruppe von Menschen, die alleine nichts tun kann, und dann kollektiv entscheidet, dass man dagegen nichts tun kann."

Dies war früher eine sehr verbreitete Einstellung, doch je aufgabenorientierter, dynamischer und qualitätsbewusster Unternehmen werden, desto weniger gilt diese Tatsache. Außerdem gibt es in den Unternehmen immer weniger dieser langwierigen und nutzlosen Prozesse, die man einst unter dem Wort „Meeting" verstand. Teammeetings und Projektmeetings sind heutzutage so kurz und zielgerichtet und so klein wie möglich. Der folgende Abschnitt befasst sich mit den Elementen, die zu einer erfolgreichen Durchführung von Meetings gehören.

Was kann schief gehen?

Es stimmt wahrscheinlich, dass wir alle Experten auf dem Gebiet der Meetings sind. Wahrscheinlich haben wir in unserem Berufsleben schon hunderte, vielleicht sogar tausende von Stunden in Meetings verbracht. In den meisten Unternehmen sind Meetings aber keineswegs die beliebteste Tätigkeit. In vielen Fällen würden sich die Beteiligten lieber mit etwas anderem beschäftigen, als an einem Meeting teilzunehmen. Kurz gesagt: Meetings haben einen ziemlich schlechten Ruf.

Wir wollen uns einmal einen Moment lang mit den möglichen Gründen für dieses schlechte Image beschäftigen. Denken Sie einmal an die Meetings, die Sie in letzter Zeit an Ihrem Arbeitsplatz erlebt haben. Zweifellos werden Sie sich an Meetings erinnern, die gut gelaufen sind, aber vielleicht haben Sie sehr viel mehr Erinnerungen an Meetings, die Sie frustriert oder gelangweilt haben oder von denen Sie einfach enttäuscht waren. Wenn man Sie fragen würde, was man aus diesen uneffektiven Meetings lernen könnte, was wäre das Ihrer Meinung nach?

Notieren Sie ein paar Gründe, die Ihrer Meinung nach die Ursache dafür sind, dass Meetings uneffektiv sind.

Vergleichen Sie Ihre Erinnerung mit den Erfahrungen vieler anderer Menschen, die dieselbe Frage beantwortet haben. Hier ein paar Gründe, die andere für die Ursache von erfolglosen Meetings halten:

- Sie sind nicht geplant.
- Sie sind zu sehr durchgeplant – alles scheint schon vorher festgelegt zu sein, es gibt keine Flexibilität.
- Manche Menschen dominieren Meetings; es findet kein echter Gedankenaustausch statt.
- Man weiß nicht, was alle Beteiligten denken, weil nicht jeder Beteiligte spricht.
- Es herrscht Funkstille, weil sich die Beteiligten nicht trauen, etwas zu sagen.
- Die wichtigen Leute sind nicht anwesend.
- Die Teilnehmer unterbrechen einander und hören sich nicht zu.
- Manche Teilnehmer wären ganz offensichtlich lieber woanders.
- Die Teilnehmer spielen ihre eigenen Spielchen; sie wälzen Probleme, für die bei diesen Meetings weder der richtige Ort noch die richtige Zeit ist.
- Das Meeting ist zu groß und nicht gut genug organisiert.
- Es scheint kein konkretes Ziel und keine Tagesordnung zu geben.
- Die einzelnen Themen sind nicht gut vorbereitet; notwendige Unterlagen sind nicht vorhanden.
- Das Meeting wurde zum falschen Zeitpunkt einberaumt – die Teilnehmer sind müde und können sich nicht konzentrieren.
- Das Meeting ist so strukturiert, dass es einigen wenigen passt – es werden aber keine Themen diskutiert, die für die meisten interessant wären.

- Der Konferenzleiter lässt den Teilnehmern zu viel Freiräume und hält sich nicht an die Tagesordnung.
- Es gibt erhebliche Meinungsverschiedenheiten und diese werden nicht ausgetragen, sondern unter den Teppich gekehrt.
- Es gibt keinen richtigen Entscheidungsfindungsprozess.
- Die Teilnehmer sind aggressiv gegenüber anderen, wenn sie ihre Standpunkte deutlich machen.
- Manche Teilnehmer sind nicht kompromissbereit.
- Manche Teilnehmer sind ungeschickt und destruktiv.
- Der Raum, in dem das Meeting stattfindet, ist zu warm, zu stickig, zu laut, zu unbequem usw.
- Über die getroffenen Entscheidungen wird kein ordnungsgemäßes Protokoll geschrieben.
- Das Meeting scheint sich endlos hinzuziehen.
- Es gibt nie eine Nachbereitung; beim Meeting wird viel geredet und dann passiert doch nie etwas.

Diese Liste könnte noch länger sein, aber man erkennt schon, dass Meetings in vielen Unternehmen eine Menge Zeit in Anspruch nehmen, für viel Frustration und sogar Ablehnung sorgen und dann kontraproduktiv sind.

Wie würden Sie die Meetings einstufen, die Sie abhalten müssen oder an denen Sie teilnehmen müssen? Gut durchgeführt und effektiv, ziemlich gut durchgeführt und einigermaßen effektiv oder nicht so gut durchgeführt und uneffektiv?

____

____

Woran liegt das?

____

____

Bei vielen trifft wohl die Einschätzung „nicht so gut" zu. Warum werden dann überhaupt Meetings abgehalten? Wenn Sie etwas über den Wert von Meetings sagen müssten, was, würden Sie sagen, ist der potenzielle Vorteil, der sie so bedeutsam macht?

Ein gutes Meeting:

- lässt die Beteiligung ganzer Teams im Entscheidungsfindungsprozess und in der Planung zu,
- ermöglicht eine Kommunikation von Angesicht zu Angesicht und somit weniger Missverständnisse,
- lässt Gefühlsäußerungen und somit eine intensivere Auseinandersetzung mit den einzelnen Themen zu,
- sorgt für eine aktivere Beteiligung und somit für größere Motivation als elektronische Kommunikation oder die Kommunikation per Brief,
- bedeutet „Zwei plus zwei ergibt fünf" – das heißt, die Kombination der Talente der Beteiligten bringt mehr als die Einzelleistung.

Ist ein Meeting wirklich notwendig?

Dies ist eine Frage, die Sie beantworten müssen, bevor Sie irgendein Meeting vorbereiten. Fragen Sie sich immer, ob es Alternativen gibt. Das könnten Memos, Telefongespräche, Zweiergespräche mit dem wichtigsten Entscheidungsträger, Stehkonferenzen auf dem Flur oder die Beseitigung eines Verwaltungsproblems bei einer Tasse Kaffee sein. Bevor Sie Ihr nächstes Meeting abhalten, lesen Sie die Kriterien in Tabelle 5.1 noch einmal durch, um zu prüfen, ob das Meeting wirklich notwendig ist.

Die in dieser Tabelle genannten Vorschläge treffen aus verschiedenen Gründen auf Ihr Unternehmen möglicherweise nicht zu. Es soll aber auch dazu dienen, dass Sie sich über die Unzulänglichkeiten Ihres internen Kommunikationssystems klar werden und diese mit berücksichtigen.

Tabelle 5.2 enthält eine Liste mit den möglichen Vor- und Nachteilen von drei verschiedenen Kommunikationsmethoden – Meetings, Telefongespräche und Memos. Wenn Ihnen weitere Aspekte einfallen, fügen Sie sie einfach hinzu.

Tabelle 5.1 *Checkliste – Alternativen zu Meetings*

Sind mehr als fünf Personen notwendig, die alle dieselben Informationen benötigen?	Memo
Muss mehr als eine Person einen Informationsbeitrag leisten?	Meeting
Gibt es nur ein paar Punkte mit wenigen Leuten zu besprechen?	Telefongespräche
Gibt es nur ein paar Punkte, die mit vielen Leuten besprochen werden müssen	Memo
Ist es wichtig, dass alle Beteiligten die Informationen genau verstehen?	Meeting/Telefongespräche (je nach Anzahl d. Personen)
Ist Geschwindigkeit ein wichtiger Faktor?	Meeting/Telefongespräche (je nach Anzahl d. Personen)
Muss eine bestimmte Entscheidung von mehreren Personen abgesegnet werden (z.B. weil sie daran beteiligt sind)?	Meeting
Rechtfertigt der Grund die Zeit und den Aufwand für ein Meeting?	Meeting
Ist es wichtig, die Teamarbeit zu fördern?	Meeting

Es stimmt, dass im Elektronikzeitalter die Notwendigkeit, dass sich Arbeitsgruppen oder Teams tatsächlich persönlich treffen, um zu kommunizieren oder zu planen, abnimmt. Trotzdem bietet ein gut geführtes persönliches Meeting bezüglich echter Teamarbeit und dem Teambuilding-Prozess größere Vorteile als unpersönliche E-Mails oder sogar eine Videokonferenz. Das Schlüsselwort lautet aber „gut geführt“!

Effektive Meetings planen

Es ist sehr aufschlussreich, die Liste mit den Gründen für „fehlgeschlagene“ Meetings genau zu studieren. Sie finden in der Liste umfangreiches Lehrmaterial darüber, was für ein erfolgreiches Meeting notwendig ist. Wenn man diese Liste analysiert, stellt man fest, dass sich die Probleme in bestimmte Kategorien zusammenfassen lassen. Sie haben mit folgenden Bereichen zu tun:

- Zweck und Tagesordnung
- Zeitpunkt und Timing
- Sitzungsort
- Moderation und Teilnehmer
- Entscheidungsfindung
- Moderator
- Teilnehmer
- Entscheidungen
- Maßnahmen

Die Probleme, die für alle offen sichtbar sind, sind gleichzeitig die Schlüssel zu den Erfolgsfaktoren in derselben Liste. Diese Probleme führen uns zu einer Formel für die Planung effektiver Meetings. Wir wollen uns damit im Folgenden etwas eingehender beschäftigen.

Tabelle 5.2 *Vor- und Nachteile von Meetings*

Vorteile	Nachteile
Meetings	
Die beste Möglichkeit, größeren Gruppen grundlegende oder wichtige Informationen zu vermitteln. Man kann sicher sein, dass alle Teilnehmer alle Informationen erhalten haben Sie können Fragen stellen, wenn Sie etwas nicht verstehen. Die beste Möglichkeit, zu Entscheidungen zu gelangen, die von der gesamten Gruppe getragen werden müssen. Fördert die Teamarbeit. (Fügen Sie weitere Vorteile hinzu)	Können sehr zeitaufwendig sein. Es nimmt viel Zeit in Anspruch, sie vorzubereiten und alle notwendigen Teilnehmer zu versammeln. Bei kurzfristig angesetzten Terminen können einige Teilnehmer vielleicht nicht teilnehmen. (Fügen Sie weitere Nachteile hinzu)
Memos	
Lassen sich sehr schnell selbst schreiben und kopieren oder schreiben und verteilen lassen. Alle Informationen sind schriftlich festgehalten und jeder hat alle Informationen. (Fügen Sie weitere Vorteile hinzu)	Manch einer erkennt die Bedeutung eines Memos möglicherweise nicht und liest es nicht sorgfältig. Sie kommen manchmal mit zeitlicher Verzögerung an. (Fügen Sie weitere Nachteile hinzu)
Telefongespräche	
Man kann sicher sein, dass die Information angekommen ist und verstanden wurde. Man kann sofort feststellen, ob Probleme auftauchen. (Fügen Sie weitere Vorteile hinzu)	Nehmen zu viel Zeit in Anspruch, man wird leicht von anderen Dingen abgelenkt. Manchmal erreicht man den gewünschten Gesprächspartner nicht gleich und muss Zeit damit verschwenden, es erneut zu versuchen. (Fügen Sie weitere Nachteile hinzu)

Zweck und Tagesordnung

Der wichtigste Ausgangspunkt für diejenigen, die ein Meeting ansetzen, ist die Frage nach einem klaren Zweck. Logischerweise reagieren Menschen, die sehr beschäftigt sind, negativ darauf, wenn sie von wichtigen Aufgaben abgelenkt werden, nur um an einer Veranstaltung teilzunehmen, die ihnen ziellos erscheint. Es muss Klarheit darüber herrschen, was der Sinn des Meetings ist, ob es um eine Entscheidungsfindung, Informationsübermittlung, Beratung oder Planung geht. Natürlich können in einem Meeting auch mehrere Ziele angestrebt werden, dieses muss jedoch klar sein, bevor die Tagesordnung festgelegt wird. Man muss sicherstellen, dass der Zweck des Meetings allen Beteiligten klar ist und in der vorgegebenen Zeit erreicht werden kann.

In der Tagesordnung müssen deshalb die Punkte aufgelistet werden, die diesem Zweck dienen. Meistens werden sie von denen zusammengetragen, die das Meeting einberufen, ideal ist es jedoch, wenn auch die Teilnehmer die Möglichkeit haben, die Tagesordnung mit zu gestalten. Andernfalls kann es schwierig sein, ein angemessenes Engagement zu erzeugen. Die Teilnehmer können ihre gewünschten Tagesordnungspunkte entweder im Voraus einreichen oder sie sollten die Möglichkeit haben, diese während des Meetings einzureichen. Man sollte sich jedoch davor in Acht nehmen, in letzter Minute die Tagesordnung noch um zu viele Punkte zu ergänzen, damit der Zeitrahmen nicht gesprengt wird. Tagesordnung und die notwendigen Sitzungsunterlagen sollten möglichst lange im Voraus verteilt werden, damit sich die Teilnehmer entsprechend vorbereiten können. Es ist hilfreich, wenn aus der Tagesordnung Folgendes deutlich wird:

- der Zweck (Ziele),
- Anfangszeit und Ende,
- Ort,
- welche Tagesordnungspunkte der Information dienen, welche zur Diskussion stehen und über welche entschieden werden soll.

Zeitpunkt und Timing

Die Teilnehmer eines Meetings müssen dieses meistens in ihren bereits sehr gefüllten Terminplan einschieben. Sie müssen sich deshalb auf die Einhaltung der Anfangs- und Endzeiten verlassen können. Sie müssen davon überzeugt sein, dass das Meeting gut organisiert und moderiert wird, so dass sie ihre anderen Aufgaben darum herum planen können. Natürlich muss man, um die Länge eines Meetings planen zu können, die Zeit für jeden einzelnen Tagesordnungspunkt möglichst genau abschätzen. Eine Alternative wäre es, z.B. ein zweistündiges Meeting einzuberufen, auf dem möglichst viele der wichtigsten Tagesordnungspunkte abgehandelt werden und die übrigen in einer anderen Sitzung.

Es lohnt sich außerdem, den Wochentag und die genaue Uhrzeit sorgfältig zu wählen. Sitzungen am Freitagnachmittag, nach einer hektischen Arbeitswoche, werden wahrscheinlich von vielen Teilnehmern wahrgenommen, doch die Energie und Kreativität der Beteiligten ist zu einer anderen Zeit sicher höher. Im Allgemeinen ist das Energieniveau bei den meisten vormittags höher als am Nachmittag und am Wochenanfang höher als gegen Ende der Woche. Es mag vielleicht verlockend sein, mehrere Meetings an einem Tag abzuhalten, vor allem in Unternehmen, in denen die Mitarbeiter häufig außer Haus sind. Nehmen Sie sich aber vor der „Sitzungsmüdigkeit" in Acht, die die Ergebnisse der Nachmittagssitzungen negativ beeinflussen kann.

Wie erfolgreich sind die Meetings, die Sie leiten oder an denen Sie teilnehmen, in der Realität? Wie gut würden Sie sie nach folgenden Gesichtspunkten bewerten?

Sind die Tagesordnungen gut vorbereitet und allen Teilnehmern rechtzeitig zugänglich?

____

____

Stimmt die Zeiteinteilung, werden die angegebenen Anfangs- und Endzeiten eingehalten?

____

____

Werden die Meetings zu den „kreativeren“ Zeiten in der Woche abgehalten?

Was muss Ihrer Meinung nach passieren, damit Ihre Meetings hinsichtlich der Gestaltung der Tagesordnung und des Timings noch erfolgreicher werden?

Der Sitzungsort

Die Teilnehmer können am besten arbeiten, fühlen sich am meisten wertgeschätzt und finden ein Meeting dann gut organisiert, wenn der Versammlungsort möglichst attraktiv, bequem und zweckmäßig ist. Die für die Wahl des Versammlungsortes verantwortliche Person muss Folgendes beachten:

- genaue Angaben über den Versammlungsort machen,
- einen bequemen, hellen, luftigen Raum auswählen, der nicht zu warm und nicht zu kalt ist, mit Frischluftzufuhr, um die Teilnehmer wach zu halten,
- eine herzliche Begrüßung mit Erfrischungen organisieren,
- den Raum so herrichten, dass die Teilnehmer sich wohl fühlen und miteinander reden können,
- die richtige Anzahl Stühle aufstellen, wobei die Teilnehmer nicht durch Lücken voneinander getrennt werden dürfen,
- Flipcharts vorbereiten, damit die Tagesordnung ständig sichtbar ist und Entscheidungen und geplante Maßnahmen notiert werden können.

Moderation und Teilnehmer

Einen Großteil der Verantwortung für die Effektivität eines Meetings hat natürlich derjenige, der das Meeting leitet. Die Person, die diese Rolle übernimmt, muss das Meeting in zweierlei Hinsicht managen: hinsichtlich der Tagesordnung und der Einhaltung der Zeiten und hinsichtlich der Teilnehmer.

Hierzu sind Fähigkeiten erforderlich, die mit denen eines Seiltänzers vergleichbar sind. Genau wie ein Seiltänzer muss man ein sehr empfindliches Gleichgewicht halten, damit das Meeting erfolgreich wird. Der Moderator muss den Inhalt mit der Beteiligung der Teilnehmer und ihrer Zufriedenheit mit den Abläufen und Ergebnissen ausbalancieren.

Den Teilnehmern eines Meetings muss man aber ebenso viel Aufmerksamkeit schenken wie den Tagesordnungspunkten. Wenn die Teilnehmer nach dem Meeting auseinander gehen und nicht das Gefühl haben, dass man ihnen zugehört hat, dass ihre Anwesenheit und ihre Beiträge geschätzt wurden und dass das Meeting gut organisiert und durchgeführt wurde, dann haben sie für zukünftige Sitzungen und beschlossene Folgemaßnahmen, für die sie verantwortlich sind, möglicherweise nicht die erforderliche Motivation. Die Teilnehmer erwarten außerdem, dass die Tagesordnungspunkte für sie relevant sind, dass sie eingehalten werden und dass sie zu positiven Ergebnissen führen. Was sie nicht wollen, ist ein Moderator, der sich penibel und um jeden Preis an die Tagesordnung hält, aber sie wollen auch keinen, der ziellos ist, keine Vorgaben macht und den Ablauf des Meetings vollkommen den Teilnehmern überlässt. Sie wollen, dass der Moderator den Drahtseilakt beherrscht; sie wertschätzt, ihnen Aufmerksamkeit schenkt und trotzdem die gesetzten Ziele erreicht.

Die Aufgabe eines Versammlungsleiters oder Moderators kann man folgendermaßen beschreiben:

Die Einhaltung der Tagesordnung in der gesetzten Zeit zu ermöglichen unter ausgewogener Einbeziehung der Teilnehmer, so dass sie mit der Durchführung des Meetings zufrieden sind.

Daraus lässt sich ableiten, dass ein effektiver Moderator „menschliche“ und „sachliche“ Fähigkeiten haben muss. Später werden wir uns mit dieser zweischneidigen Rolle noch eingehender beschäftigen.

Entscheidungsfindung

Zu vielen Tagesordnungspunkten gehört auch eine Entscheidungsfindung. Es ist wichtig, dass man sich von vornherein darüber im Klaren ist, welche Punkte eine Entscheidung erforderlich machen und welche nicht – einige Punkte dienen lediglich der Information oder als Diskussionsgrundlage. Überlegen Sie bei jedem Tagesordnungspunkt Folgendes:

- ist eine Entscheidung erforderlich? Wenn ja, seien Sie sich über den Entscheidungsfindungsprozess im Klaren – wie sollen die Entscheidungen getroffen werden?
- ob Entscheidungen einstimmig, durch Mehrheit oder durch einzelne Personen nach Anhörung der Teilnehmer gefällt werden sollen. Wenn abgestimmt werden soll, muss man der Minderheit besondere Aufmerksamkeit schenken und sicherstellen, dass sie sich anschließend nicht ausgeschlossen fühlt.
- ob klar ist, wer die Verantwortung für die Durchsetzung der Entscheidungen hat. Ist die gesamte Gruppe an die Entscheidungen gebunden?
- ob der Zeitplan für die Entscheidungsfindung und die Durchführung der Maßnahmen klar ist,
- ob es am Ende des Meetings notwendig ist, noch einmal darzustellen, welche Entscheidungen gefällt wurden und für welche Aufgaben die einzelnen Teilnehmer verantwortlich sind.

Hin und wieder kommt es in Entscheidungsfindungsprozessen zu Konflikten. In diesem Fall ist es wichtig, dass der Moderator:

- sehr genau zuhört, was gesagt wurde und was nicht und wie es gesagt wurde,
- es vermeidet, Partei zu ergreifen, sondern die Kontrahenten dazu bringt, ihre Probleme für den Moderator und sich selbst klarzustellen,
- sicherstellt, dass sich die Diskussion auf die Gegenwart richtet und darauf, welche Fortschritte gemacht werden können, und nicht auf die Vergangenheit oder auf Personen,
- Wiederholungen vermeidet, indem er immer wieder nach Alternativen für eine Lösung sucht,

- diejenigen, die nicht in die Diskussion involviert sind, nach ihrer Meinung und möglichen Lösungen fragt,
- eine Gewinner/Gewinner-Lösung sucht – das heißt, nach einer gemeinsamen Basis, auf die sich alle einigen können. Er muss die Kontrahenten fragen, welche Aspekte der gegnerischen Meinung sie akzeptabel finden und mit welchem Kompromiss sie sich zufrieden geben könnten.

Wenn sich ein Konflikt abzeichnet, muss man vor allem ruhig bleiben und Lösungen anstreben und sich und anderen immer wieder sagen, dass unterschiedliche Standpunkte natürlicher Bestandteil von dynamischen Gruppenprozessen sind. Man kann Differenzen sogar zelebrieren. Wenn sich Teams erfolgreich durch Schwierigkeiten hindurcharbeiten, werden sie stärker und entwickeln eine noch effektivere Zusammenarbeit. Differenzen erzeugen Energie und die Möglichkeit kreativer Lösungen.

Maßnahmen

Meetings werden durchgeführt, weil sie etwas bewirken sollen; wenn sie das nicht tun, gibt es keinen Grund, sie durchzuführen. Den vielen Worten müssen Taten folgen. Wenn man ein Meeting leitet, muss man auf Folgendes achten:

- dass Aktionspläne aufgestellt werden, die festlegen, was als Nächstes passieren muss,
- dass Pläne schriftlich festgehalten werden und die Verantwortlichen für die Maßnahmen benannt werden,
- dass es für die Durchführung der Maßnahmen einen eindeutigen Zeitplan gibt,
- dass ein Zwischenbericht über die durchgeführten Maßnahmen für das nächste Meeting eingeplant wird.

Wie würden Sie Ihre derzeitigen Meetings unter folgenden Gesichtspunkten bewerten:

die Qualität des Versammlungsortes?

die aktive Beteiligung der Teilnehmer?

die Qualität der Entscheidungsfindungsprozesse?

die Maßnahmenplanung?

Was wäre notwendig, um die Qualität Ihrer Meetings in einem dieser Bereiche zu verbessern?

Nachfolgend finden Sie eine Checkliste, die Sie für die Planung oder Nachbereitung Ihrer Meetings benutzen können:

1. Die Mitteilung über Versammlungszeitpunkt und -ort wird allen Teilnehmern im Voraus zugeschickt.
2. Die Tagesordnung ist gut vorbereitet und wird vor dem Meeting an alle verteilt.
3. Alle Teilnehmer haben die Möglichkeit, auf die Tagesordnung Einfluss zu nehmen.
4. Die Räumlichkeiten wurden hinsichtlich ihrer Verfügbarkeit und Eignung überprüft und Material wie Stifte, Flipchartpapier oder ein Whiteboard sind zur Hand.

5. Es wird dafür gesorgt, dass es während der Sitzung zu keiner Störung kommt.
6. Das Meeting beginnt und endet pünktlich.
7. Während des gesamten Meetings wird sorgfältig auf die sinnvolle Nutzung der vorgegebenen Zeit geachtet.
8. Jeder hat die Gelegenheit, etwas zu sagen.
9. Die Teilnehmer hören einander zu.
10. Keiner dominiert die Diskussion.
11. Die einzelnen Punkte werden immer wieder zusammengefasst.
12. Das Meeting endet mit einer Gesamtzusammenfassung.
13. Das Protokoll oder die Maßnahmenpläne werden allen Teilnehmern nach dem Meeting zugesandt.
14. Man kann sich darauf verlassen, dass die Teilnehmer, die für beschlossene Maßnahmen zuständig sind, diese auch durchführen.

Wenn Sie Ihre Meetings mit dieser Liste nachbereiten und meistens zwölf oder mehr Aussagen ankreuzen können, die für Ihre Meetings gelten, dann deutet das darauf hin, dass es sich um qualitativ hochwertige Versammlungen handelt. Weniger als acht Kreuze lassen darauf schließen, dass die Qualität der Meetings, an denen Sie teilnehmen, noch verbessert werden muss.

Weitere Anmerkungen zur Rolle des Moderators

Wie bereits dargestellt, muss der Moderator Folgendes tun:

- darauf achten, dass die gesetzten Ziele so effektiv wie möglich und in der vorgegebenen Zeit erreicht werden,
- die Beteiligung der Teilnehmer möglichst gleichmäßig gestalten,
- gegebenenfalls klären oder interpretieren,
- die Tagesordnung und den Zeitplan managen,
- sicherstellen, dass notwendige Entscheidungen von der Gruppe getroffen werden,
- für eine genaue Protokollierung der Sitzung sorgen,
- unparteiisch bleiben und sich auf die Seite aller Teilnehmer stellen,
- die Tagesordnung so einhalten, dass die Teilnehmer mit dem Verlauf zufrieden sind.

Wir wollen uns diese Schlüsselrolle noch einmal näher ansehen. Wie wir auch gesehen haben, lassen sich die notwendigen Führungsfähigkeiten in „persönliche“ und „sachliche“ Fähigkeiten teilen. Man könnte sie aber auch danach analysieren, welche vorher, während und nach dem Meeting notwendig sind. Wenn man diese Kategorien von Fähigkeiten kombiniert, erhält man eine Matrix, die die Rolle des Moderators widerspiegelt (Tabelle 5.3)

Sehen Sie sich die Matrix einmal an und vergleichen Sie sie mit Ihrer eigenen Durchführung von Meetings.

Wie viele der dargestellten Fähigkeiten zeigen Sie Ihrer Meinung nach regelmäßig? Gibt es Bereiche, an denen Sie gerne noch arbeiten würden?

Tabelle 5.4 ist eine Checkliste, mit der Sie Ihre Leistung in dieser Rolle bewerten können und die Ihnen hilft, Ihre Stärken und die Bereiche, in denen es sich lohnen würde, sie zum Wohle Ihrer persönlichen Entwicklung zu verbessern, zu identifizieren.

Tabelle 5.3 *Matrix Fähigkeiten des Moderators*

	Sachlich	Menschlich
Vor dem Meeting	Die Tagesordnung vorbereiten und den Teilnehmern die Gelegenheit geben, Ergänzungen vorzunehmen. Die Ziele, den Versammlungsort, die Anfangs- und Endzeit ausreichend im Voraus bekannt geben. Sicherstellen, dass alle Unterlagen verfügbar sind.	Sicherstellen, dass die und nur die, die anwesend sein müssen, auch wirklich anwesend sind. Den Teilnehmern ausreichend Zeit im Voraus und die Möglichkeit, Ergänzungen zur Tagesordnung zu machen, gewähren.

	Sachlich	Menschlich
Während des Meetings	Pünktlich beginnen. Die Endzeit bekannt geben. Deutlich machen, in welcher Reihenfolge die Punkte abgehandelt werden. Die Tagesordnung für alle ständig sichtbar lassen. Abhaken, welche Punkte erledigt sind, um den Fortschritt und die noch zu erledigende Arbeit deutlich zu machen. Notizen, wie z.B. getroffene Entscheidungen und geplante Maßnahmen, auf einem Flipchart visualisieren. Die Tagesordnung abarbeiten und bei Punkten, die besonders wichtig sind und mehr Zeit erfordern, flexibel sein. Den Gesamt-Zeitplan im Auge behalten. Nach Erledigung jedes Punktes eine Zusammenfassung geben und dann fortfahren. Die Zeit managen. Halten Sie die Teilnehmer über die noch verbleibende Zeit auf dem Laufenden. Am Ende zusammenfassen: Was wurde erreicht, welches sind die nächsten Schritte.	Vorstellungsrunde, wenn erforderlich. Eine möglichst ausgeglichene Teilnahme aller Beteiligten erreichen. Zu Beiträgen ermuntern. Jene unter Kontrolle halten, die zu viel „Raum einnehmen", und diejenigen mit einbeziehen, die sich zu wenig beteiligen. Verbinden Sie die Anmerkungen des einen mit Aussagen anderer, um einen fließenden Übergang und sinnlichen Zusammenhang herzustellen. Analysieren Sie die Unterschiede in den Meinungen, indem Sie dazu auffordern, diese auszudiskutieren. Vermeiden Sie, Stellung zu beziehen, sondern suchen Sie nach Gemeinsamkeiten. Hören Sie sorgfältig zu und loben Sie gute Ideen und Ansichten. Versuchen Sie, Verbindungen zwischen der Diskussion und konkreten Maßnahmen herzustellen, indem Sie fra-

	Sachlich	Menschlich
	Einen Termin für das nächste Meeting festlegen.	gen: „Was können wir dagegen tun?“ Danken Sie den Beteiligten für ihre Teilnahme. Fragen Sie sie, ob sie Ansätze sehen, zukünftige Meetings noch zu verbessern.
Nach dem Meeting	Achten Sie darauf, dass geplante Maßnahmen auch durchgeführt werden. Verteilen Sie die Protokolle/Berichte der Sitzung. Fragen Sie: „Was kann ich aus dem Verlauf der Sitzung lernen?“ „Werde ich das nächste Meeting anders leiten? Wenn ja, wie?“ Bereiten Sie sich auf das nächste Meeting vor, indem Sie Ihre Erfahrungen aus diesem einbeziehen.	Fragen Sie bei den Teilnehmern nach, um zu prüfen, ob sie mit ihren Aufgaben vorankommen, unterstützen Sie sie, wo notwendig. Seien Sie für Vorschläge für die nächste Tagesordnung und für Verbesserungsvorschläge zur Durchführung der Sitzung offen.

Wie bewerten Sie als Moderator dieses Meeting?

Machen Sie ein Kreuz neben jeder Frage, die Sie eindeutig mit „ja" beantworten würden.

Tabelle 5.4 *Moderatoren-Bewertung*

Frage	Ankreuzen
1 Konnten Sie die erforderlichen Teilnehmer versammeln?	
2 Hatte das Meeting klare Ziele?	
3 Haben Sie das Meeting pünktlich begonnen und beendet?	
4 Waren Sie so unparteiisch wie möglich?	
5 Haben Sie die Diskussion immer wieder auf den Punkt gebracht?	
6 Haben Sie den Zeitbedarf für jeden Tagesordnungspunkt richtig eingeschätzt?	
7 Haben Sie jeden zur Beteiligung ermuntert?	
8 Haben Sie nach jedem Punkt eine kurze Zusammenfassung gegeben?	
9 Haben Sie geholfen, Konflikte zu lösen, und allen Teilnehmern die Möglichkeit gegeben, ihre Meinung zu äußern?	
10 Haben Sie darauf geachtet, dass Maßnahmenpläne aufgestellt und eingehalten wurden?	

Wenn Sie ein Meeting analysieren, das Sie vor kurzem geleitet haben, benutzen Sie die Checkliste als allgemeine Bewertung. Sie können aber auch darauf warten, bis Sie Ihre nächste Sitzung leiten, und sich selbst anschließend beurteilen.

Egal, wie viele Kreuze Sie bei dieser Checkliste machen konnten. Es kann auf jeden Fall nützlich sein, jedes Meeting, das Sie leiten, zu analysieren und sich zu fragen: „Was habe ich bei der Leitung des Meetings gut gemacht?" und „Worauf will ich mich bei der Leitung des nächsten Meetings besonders konzentrieren?" Sehen Sie sich jetzt jeden einzelnen Punkt der Checkliste genau an.

Laden Sie nur die Personen ein, die wirklich anwesend sein müssen

Je kleiner eine Versammlung, desto effektiver ist sie im Allgemeinen, vor allem wenn es sich um ein Meeting zur Entscheidungsfindung oder Problemlösung handelt. Wenn Sie nur die Personen einladen, die Beiträge liefern sollen, sind die Teilnehmer wahrscheinlich sehr motiviert, engagiert und an einem erfolgreichen Ergebnis interessiert. Personen, für die die Tagesordnungspunkte und das Ziel des Meetings weniger wichtig sind, sind schnell frustriert. Manche Teilnehmer brauchen vielleicht auch nur zu bestimmten Tagesordnungspunkten anwesend zu sein. Sie können dann so lange an der Sitzung teilnehmen, bis ihr Tagesordnungspunkt abgehandelt wurde, und das Meeting anschließend verlassen.

Gilt dies in irgendeiner Form für Ihre derzeitigen Meetings?

____

____

Klare Ziele

Eine konkret festgelegte Tagesordnung gibt schon sehr gut Aufschluss über die Ziele des Meetings. Bevor Sie eine Tagesordnung planen, müssen Sie entscheiden, was der Hauptzweck Ihres Meetings ist: Informationsverbreitung, Beratung, Entscheidungsfindung oder Problemlösung. Wenn es sich um eine Mischung aus mehreren Faktoren handelt, vermerken Sie bei den einzelnen Tagesordnungspunkten „Zur Information", „Entscheidung erforderlich" und so weiter. Es ist manchmal besser, unterschiedliche Aufgaben zu verteilen. Vielleicht müssen Sie ein Meeting auch in zwei kleinere unterteilen, die Sie durch eine Pause voneinander trennen könnten. Auf diese Weise könnten nur die wichtigen Personen an der Entscheidungsfindung in der zweiten Hälfte teilnehmen.

Gilt dies in irgendeiner Form für Ihre derzeitigen Meetings?

____

____

Pünktlich beginnen

Beginnen Sie immer pünktlich, selbst wenn noch nicht alle Teilnehmer anwesend sind. Das ist ein Ausdruck von Wertschätzung gegenüber denjenigen, die pünktlich waren, und setzt die Normen fest. Den Zuspätgekommenen kann man eine kurze Zusammenfassung geben. Für diese Personen sollten in der Nähe der Tür Plätze freigehalten werden, so dass sie das Meeting so wenig wie möglich stören.

Gilt dies in irgendeiner Form für Ihre derzeitigen Meetings?

____

____

Unparteiisch sein

Auch wenn es Situationen gibt, in denen Sie als Moderator in Diskussionen Ihre eigene Meinung äußern müssen, besteht Ihre vorrangige Aufgabe darin, zu moderieren, also zwischen den Anwesenden zu vermitteln. Sie müssen die Teilnehmer aus sich herauslocken, ihre Meinungen ans Licht bringen, ihre Kommentare miteinander verknüpfen und sich die Meinungen aller Teilnehmer anhören und gleichzeitig die Diskussion immer wieder auf den Punkt und voranbringen. Sie müssen ein Vorbild für objektives und aufgeschlossenes Verhalten sein, ständig nach Gemeinsamkeiten suchen und immer das Ziel im Auge behalten. Dieses Verhalten legt den Grundtenor des Meetings fest.

Es gibt sicher auch Situationen, in denen Sie eine bestimmte Entscheidung treffen müssen, zu der Sie aber noch Informationen und die Standpunkte der anderen benötigen. Entscheidend ist, dass allen klar ist, wie der Stand der Diskussion ist und wie die Vorgehensweise geplant ist. Sie müssen in diesen Situationen sehr darauf achten, dass Sie jedem die Möglichkeit geben, seine Meinung zu äußern, unabhängig davon, ob sie Ihre Meinung unterstützt oder nicht.

Gilt dies in irgendeiner Form für Ihre derzeitigen Meetings?

____

____

Die Teilnehmer immer wieder „ins Boot" holen

Sorgen Sie dafür, dass alle Teilnehmer die Tagesordnung immer vor Augen haben und wissen, über welchen Tagesordnungspunkt gerade gesprochen wird. Haken Sie die abgehandelten Themen ab. Wenn die Diskussion abschweift, bringen Sie die Teilnehmer höflich, aber bestimmt wieder zum ursprünglichen Thema zurück. Wenn Sie einzelne Beiträge miteinander verknüpfen, ist manchmal sehr taktvolles Vorgehen erforderlich. Hier eine Liste mit nützlichen Tipps, wie Sie eine Diskussion wieder auf den Punkt bringen können:

- Können wir uns, ohne einen Punkt abgeschlossen zu haben, dem nächsten Thema zuwenden?
- X hat mehrere Probleme angesprochen. Wir sollten mit … beginnen.
- Ich denke, dieser Punkt wird später noch wichtig sein. Wir sollten bis dahin verschieben und wieder auf … zurückkommen.
- Dieser Punkt ist hinsichtlich unseres Ziels insofern wichtig, als dass…
- Welchen Einfluss hat dieser letztgenannte Punkt auf unser Diskussionsthema?
- Wir haben jetzt schon eine Reihe von Punkten abgedeckt. Welcher davon ist Ihrer Meinung nach am wichtigsten hinsichtlich unseres Zieles…
- Ist dieses Thema für das Problem, das wir gerade diskutieren, wichtig?

Gelegentliche Zusammenfassungen können die Gruppe oder Einzelpersonen ebenfalls wieder auf das Thema zurückführen, falls der Faden einmal verloren ging. Ihre Aufgabe besteht darin, alle wieder „ins Boot zu holen", ohne ungeduldig zu wirken oder Einzelne zu kritisieren. Aus diesem Grund sollten Sie das Gleichgewicht immer wieder dadurch herstellen, dass Sie die betreffende Person unterstützen (also ihren Beitrag in irgendeiner Form anerkennen und gleichzeitig zu weiteren Beiträgen ermuntern). „Sie haben da eine Reihe von interessanten Aspekten erwähnt. Der meiner Meinung nach wichtigste Punkt ist … Hat jemand anders dazu noch etwas zu sagen?"

Gilt dies in irgendeiner Form für Ihre derzeitigen Meetings?

____

____

Zeitmanagement und Tagesordnungspunkte

Eine gut durchdachte Tagesordnung und die entsprechende Zuordnung von Diskussionszeiten sind zunächst einmal unverzichtbar. Falls nicht wichtigere Probleme auftauchen, begrenzen Sie die Diskussion ruhig und bestimmt auf die eingeplante Zeit. Wenn Sie einen Tagesordnungspunkt ausführlicher als geplant behandeln müssen, machen Sie den Teilnehmern deutlich, welche Auswirkungen das auf die anderen Punkte hat. Wenn Sie die Tagesordnung planen, achten Sie darauf, dass Sie jedem einzelnen Punkt ausreichend Zeit zuordnen, und fügen Sie noch ein paar Minuten hinzu, um ein Zeitpolster zu haben. Wenn Sie zu viel Zeit eingeplant haben, haben Sie zusätzlich Zeit für weitere Themen, falls das notwendig ist. Andererseits wird Ihnen niemand böse sein, wenn das Meeting kürzer als erwartet ist. Man wird dies als Beweis Ihrer Effektivität ansehen.

Gilt dies in irgendeiner Form für Ihre derzeitigen Meetings?

____

____

Teilnehmer zur Beteiligung ermuntern (und andere bremsen!)

Als Moderator ist es Ihre Aufgabe, die Gruppenarbeit so effektiv wie möglich zu gestalten und dabei eine möglichst große Beteiligung aller Teilnehmer zu erreichen. Es gibt immer solche, die die Diskussion dominieren, und andere, die weniger sagen. Es ist für den Gruppenzusammenhalt wichtig, dass jeder die Gelegenheit hat, seine Meinung zu äußern.

Möglicherweise ist es sogar notwendig, die Beiträge einiger Teilnehmer einzuschränken, um anderen, weniger dominanten, mehr Raum zu verschaffen. Eine Möglichkeit, dies zu tun, besteht darin, herumzugehen und zu sagen, dass es wichtig ist, dass alle Meinungen geäußert werden. Überschwängliche Beiträge wertzuschätzen und dann zu sagen: „Wir müssen aber auch noch die Meinung der anderen hören", ist eine andere Möglichkeit: „Also, Frau Schulz, was Sie da sagen ist sehr hilfreich. Wie denken Sie darüber, Herr Müller?" Oder Sie könnten mit Ihrem Eingreifen auch konkreter werden: „Frau Schulz, wenn Sie Ihre Aussage einmal zusammenfassen könnten, dann können wir dazu … Herrn Müllers Meinung hören, der, wie ich glaube, in diesem Bereich einige Erfahrung hat. Haben wir irgendetwas übersehen?"

Wenn Sie die Diskussion mithilfe von Fragen anregen wollen, achten Sie auf Folgendes:

- Stellen Sie offene Fragen, die zum Nachdenken anregen, und nicht solche, die man mit „ja" oder „nein" beantworten kann.
- Formulieren Sie die Fragen möglichst einfach.
- Behalten Sie das Thema immer im Auge.

Gilt dies in irgendeiner Form für Ihre derzeitigen Meetings?

____

____

Regelmäßige Zusammenfassungen

Zusammenfassungen sind in vielerlei Hinsicht nützlich. Sie ermöglichen es Ihnen und anderen zu prüfen, ob das Gesagte oder Vereinbarte verstanden wurde, und sie sind eine Möglichkeit, einen Schlussstrich unter einen Tagesordnungspunkt zu setzen, bevor man zum nächsten kommt. Mit Zusammenfassungen können Sie dafür sorgen, dass alle beim Thema bleiben, ohne ihnen das Gefühl zu geben, bestimmte Teilnehmer „zurückzusetzen".

Gilt dies in irgendeiner Form für Ihre derzeitigen Meetings?

____

____

Nachbereitung

In der Zeit nach dem Meeting ist es ganz wichtig, dass Sie die Motivation aufrechterhalten, indem Sie die vereinbarten Maßnahmen überwachen und prüfen, dass sie auch durchgeführt werden. Achten Sie darauf, dass jeder eine Kopie des Protokolls oder Maßnahmenplans bekommt. Danach sollten Sie entweder für das nächste Meeting Rückmeldungen vereinbaren oder die Beteiligten nach einer angemessenen Zeit zur Unterstützung oder „Kontrolle" einmal anrufen.

Gilt dies in irgendeiner Form für Ihre derzeitigen Meetings?

____

____

Ziele und Maßnahmenpläne

Denken Sie über diesen Bereich und das, was Sie daraus lernen können, noch einmal nach. Sammeln Sie alle Gedanken, die Sie bezüglich Ihrer eigenen Leistung hatten. Setzen Sie sich daraus abgeleitet ein oder zwei konkrete Ziele für jeden einzelnen Bereich.

Ziele

Um die Effektivität meiner Meetings zu verbessern, werde ich …

____

____

Gehen Sie von Ihren Zielen aus und wandeln Sie sie in Maßnahmenpläne um.

Maßnahmenplan

Um meine Ziele zu erreichen, werde ich …

____

____

Woher wissen Sie, wann Sie Ihre Ziele erreicht haben?

Ich werde meine Fortschritte am __________ (Datum in drei Monaten) und am __________ (Datum in sechs Monaten) überprüfen.

Tragen Sie diese Termine in Ihren Terminkalender ein.

6. Gruppenverhalten sinnvoll nutzen

Ziel dieses Kapitels ist es, Ihnen Techniken und Grundsätze zu vermitteln, die Ihnen helfen, Gruppenverhalten zu verstehen und zu managen, und Ihnen zu zeigen, wie Sie die erlernten Techniken anwenden können. Hierzu müssen Sie den Text lesen, die „praktischen Übungen" bearbeiten und dann in die Praxis umsetzen. Natürlich hilft es Ihnen bereits weiter, etwas über Gruppenprozesse zu lesen und darüber zu diskutieren, die Fähigkeit, eine Gruppe zu führen, entwickelt sich letztlich aber erst durch die Anwendung des Gelernten in realen Gruppen und durch ein anschließendes Feedback.

Gruppen sind dynamisch oder jedenfalls sollen sie es sein. Sie waren sicherlich schon einmal in einer überaus aktiven Gruppe Mitglied, aber wahrscheinlich auch in einer, die wie lahm gelegt wirkte. Es gibt eine Reihe von Möglichkeiten, gruppendynamische Prozesse kennen zu lernen. Eine davon besteht in der dualen Sichtweise der Gruppenaufgabe einerseits und der Gruppenprozesse (ihre Methoden) andererseits. Wir wollen diesen Aufgaben/Prozess-Rahmen als Bezug verwenden, damit Sie die Kommunikation der Gruppe, in der Sie mitarbeiten, verbessern können. Als Führungskraft kommt Ihnen in Gruppen meistens die Aufgabe des Führers zu, in einigen sind Sie vielleicht auch nur Mitglied. Mit anderen Worten: Als Führungskraft haben Sie manchmal die Aufgabe, Mitarbeiter bei einem Meeting zu führen, und als Mitglied Ihrer Management-Gruppe haben Sie die Aufgabe, ein produktives Gruppenmitglied zu sein.

Inhalt versus Prozess

Wenn wir die Tagesordnung einer Gruppensitzung lesen, wissen wir, worum es in dem Meeting gehen soll. Die Tagesordnungspunkte sollen den Inhalt eines Meetings darstellen. Wenn wir die Aufgabe (die Themen oder die Tagesordnung) verstehen, bekommen wir eine Vorstellung davon, was die Gruppe erreichen will, bis wann sie es erreichen will und häufig auch wer für die verschiedenen zu erledigenden Aufgaben verantwortlich ist. Wenn Sie zu spät zu einem Meeting kommen und ihrem Nachbarn zuflüstern: „Was ist passiert?“, dann wird man Ihnen eine inhaltlich orientierte Antwort geben – die Themen, die die Gruppe diskutiert, die Pläne, die sie aufstellt, und Entscheidungen, die sie zu treffen versucht; also der inhaltliche Teil des Meetings.

Wenn wir uns in demselben Meeting zurücklehnen und die Vorgänge beobachten, entdecken wir möglicherweise, dass die Tagesordnungspunkte eine untergeordnete Rolle im Vergleich zu dem spielen, was abläuft (Prozess). Die auffälligsten Beobachtungen sind: Herr Meier versucht, sich bei Frau Schneider, der Leiterin des Meetings, einzuschmeicheln; Herr Hartmann reißt Witze, um die Aufmerksamkeit der Gruppe von der Tagesordnung abzulenken; Frau Baumann trifft mit Frau Clausen eine Verabredung für den Feierabend; Herr Bock liest seine E-Mails und sendet damit an alle Beteiligten die Botschaft, für wie unwichtig er sie und das Meeting hält; Herr Neumann ist in seinen neuen Laptop vertieft, weil der das Einzige ist, wofür er sich wirklich interessiert; Frau Hartmann spricht leise in ihr Handy. Mit anderen Worten: Wir würden die Dynamik dieser Gruppenprozesse beobachten.

In diesem Beispiel scheint der Gruppenprozess in ebenso viele verschiedene Richtungen zu verlaufen, wie Mitglieder anwesend sind, und nur wenige davon stehen mit der Tagesordnung oder dem Sinn des Meetings in Zusammenhang. Die Gruppenaufgabe (Tagesordnung) und der Prozess (die Art der Zusammenarbeit) müssen kompatibel sein und sich gegenseitig unterstützen. Der Schlüssel dazu ist ein Gruppenführer (ein Moderator) mit entsprechenden Fähigkeiten, der der Gruppe helfen kann, ihre Ziele (die Tagesordnungspunkte) zu erreichen. Der Prozess, innerhalb dessen dies geschieht, sollte die Meetings positiv beeinflussen und dazu beitragen, die Stärke und den Zusammenhalt der Gruppe zu verbessern. Wenn Aufgabe und Prozess in zwei verschiedene Richtungen verlaufen, kann sich die Gruppe schnell zu einem Chaos entwickeln.

Wie bereits gesagt sind sowohl die Aufgabe als auch der Prozess für den Gruppenerfolg wichtig. Eine Gruppe, die sich streng an die Tagesordnung hält, wird diese am Ende des Meetings möglicherweise sorgfältig abgearbeitet haben, doch sobald das Meeting zu Ende ist, werden die getroffenen Entscheidungen nicht in die Tat umgesetzt, weil sie nicht gemeinsam getragen werden und die Gruppenmitglieder nicht am selben Strang ziehen. Das liegt wahrscheinlich daran, dass die Gruppe sich nicht zu einer eigenständigen Einheit entwickelt hat. Die Beteiligten an diesem emotionslosen Prozess haben nicht das Gefühl, Bestandteil zu sein, und fühlen sich der Gruppe gegenüber in keiner Weise verpflichtet. Wie auch? Für sie existiert auch keine Gruppe im eigentlichen Sinne.

Im Gegensatz dazu hat eine Gruppe mit wunderbaren und angenehmen Gruppenprozessen voller Humor und guter Stimmung wahrscheinlich viel Spaß an dem Meeting, doch es wird ihr nicht gelingen, die Tagesordnungspunkte angemessen abzuarbeiten.

Wie passen diese Beschreibungen auf Ihre Gruppenerfahrungen?

Beschreiben Sie ein Meeting, an dem Sie kürzlich teilgenommen haben, in dem der Inhalt (Tagesordnung) eindeutig von dem Gruppenprozess (der Art und Weise, wie die Gruppe zusammengearbeitet hat bzw. nicht zusammengearbeitet hat) nicht unterstützt wurde.

____

____

Jetzt beschreiben Sie ein Meeting, in welchem der Inhalt durch die Gruppenprozesse unterstützt wurde.

____

____

Denken Sie noch einmal über diese beiden Meetings nach. Worin lag der Unterschied? Schreiben Sie die Rahmenbedingungen, die Mitglieder und die Ereignisse auf, die den Unterschied zwischen den beiden Meetings ausmachten.

____

____

Die Erklärung, die den meisten bei dieser Übung einfällt, hat häufiger etwas mit den Gruppenprozessen als mit den inhaltlichen Aspekten zu tun. Was ist der Kern Ihrer Erklärung? Sie können die Übung noch einen Schritt weiter führen.

Beschreiben Sie die Maßnahmen, die Sie vor oder während des erstgenannten Meetings hätten treffen können, um zu verhindern, dass es aus dem Ruder läuft. Was hätte der Moderator oder jemand anders tun können, um den Gruppenzusammenhalt zu fördern und die Zusammenarbeit zu erleichtern?

Jede Maßnahme, die Ihnen eingefallen ist, würde wahrscheinlich als „Eingriff" bezeichnet werden insofern, als jemand den Prozess beeinflusst und versucht, ihn wieder mehr auf den Inhalt des Meetings auszurichten. Wie Sie vielleicht schon einmal beobachtet haben, kann eine gut gemeinte Beeinflussung auch die gegenteilige Wirkung haben.

Die Gründe für fehlgeschlagene Beeinflussungsversuche lassen sich verschiedenen Kategorien zuordnen, z.B. schlechtes Timing, unklare Kommunikation, negative Assoziationen, unangemessene Emotionalität, falsche Interpretation der ablaufenden Prozesse, dass der Eingriff von jemandem vorgenommen wurde, der nicht beliebt ist, und viele andere Fehleinschätzungen und unangemessene Verhaltensweisen. Im Verlauf dieses Abschnitts stellen wir mehrere Methoden vor, wie Sie sicherstellen können, dass solche Beeinflussungsversuche erfolgreich sind. Trotz alledem bleiben sie ein komplexes Problem, für das es keine einfachen Lösungen gibt.

Je mehr Sie diese Inhalt/Prozess-Beobachtungen üben, desto besser werden Ihre Fähigkeiten als Führungskraft. Um Ihre Wahrnehmungskraft für Gruppenprozesse noch besser zu schulen, sollten Sie sich im Anschluss an jedes Meeting ein paar Minuten Zeit nehmen und darüber nachdenken, was während des Meetings hinsichtlich der Tagesordnung und der Gruppenprozesse abgelaufen ist. Fragen Sie sich, was Sie in der Zukunft in ähnlichen Situationen tun können, um hier effektiv einzugreifen, um der Gruppe zu helfen, stärker gemeinsam an Problemlösungen zu arbeiten. Eine weitere Möglichkeit besteht darin, Ihre Notizen bezüglich der Gruppendynamik mit denen eines Kollegen, der ebenfalls an dem Meeting teilgenommen hat, zu vergleichen.

Gruppendynamische Prozesse

Wie kann eine Führungskraft erkennen, was in der Gruppe vor sich geht? Meistens hilft es, die gruppendynamischen Prozesse in kleinere Komponenten aufzuteilen und zu versuchen, eine nach der anderen zu verstehen. In der Sprache der Gruppendynamik nennt man diese Vorgehensweise Prozessbeobachtung. Ziel dieser Prozessbeobachtung ist es, folgende drei Fragen beantworten zu können:

1. Was geht in der Gruppe vor sich?
2. Was ist notwendig, um die Arbeit der Gruppe effektiver zu gestalten?
3. Wie können die Prozesse verändert werden, um die fehlende Komponente einzubeziehen, damit die Gruppe effektiver arbeitet?

Dieser Abschnitt widmet sich allen drei Fragen, doch der Schwerpunkt liegt auf den ersten beiden und ihren deutlichen Konsequenzen für Frage 3.

Es gibt mehrere Vorgehensweisen, um deutlich zu machen, was in einer Gruppe abläuft. Dazu gehören:

- Kommunikationsmuster protokollieren – wer spricht mit wem und wie?
- Rollen identifizieren – wer bringt was in die Gruppe ein?
- Problemlösungsmethoden analysieren,
- Entscheidungsfindungsmethoden analysieren,
- das Gruppenklima bewerten (die Atmosphäre und der Umgangston in dem Meeting,
- die situativen und sonstigen Variablen (Gruppengröße, äußere Gegebenheiten, Tagungsort) bewerten.

In diesem Abschnitt wollen wir uns darauf konzentrieren, die Gruppenprozesse verständlich zu machen, indem wir die Kommunikationsmuster protokollieren und analysieren und dann Rollen und deren Interaktion erfassen. Diese beiden Bereiche der Gruppenprozesse sind relativ leicht zu verstehen. Wenn Sie sie einmal gelernt haben, können Sie sie als Führungskraft immer wieder einsetzen, um Gruppen dabei zu unterstützen, effektiver zu arbeiten.

Kommunikationsmuster protokollieren

Ein guter Ausgangspunkt ist die Protokollierung der Kommunikationsmuster. Es ist relativ einfach, und als Führungskraft können Sie eine erstaunliche Menge Informationen daraus ableiten, die Ihnen helfen zu verstehen, wie eine Gruppe funktioniert. Nicht zuletzt bekommen Sie bei der Protokollierung der Kommunikation auch Informationen darüber, wie Sie selbst in der Gruppe agieren. Ideal wäre es, wenn Sie in der Gruppe ein Mitglied zur Verfügung hätten, das sich nicht aktiv an dem Meeting beteiligt, sondern lediglich als Prozessbeobachter fungiert. Da dies in den meisten Fällen nicht möglich ist, besteht die zweitbeste Lösung darin, sich eines Kassettenrekorders oder Videorekorders zu bedienen und das Meeting aufzuzeichnen. Sie können dann im Nachhinein die Kommunikationsprozesse analysieren.

Am einfachsten lässt sich protokollieren, wer spricht. Dies geschieht mit dem „Wer-Spricht?-Formular". Leere Formulare finden Sie am Ende dieses Kapitels. Ein Beispiel dafür, wie das Formular ausgefüllt wird, finden Sie in Tabelle 6.1 Jedes Mitglied ist in der Spalte „Gruppenmitglieder" verzeichnet. Jedes Mal, wenn jemand ohne Pause oder Unterbrechung spricht, wird in der Kolumne „Beiträge" ein Strich gemacht, unabhängig davon, wie lang der Beitrag ist. Die Zahlen in den Spalten „Gesamt" und „prozentualer Anteil" werden im Anschluss an das Meeting ausgefüllt.

Tabelle 6.1 ist ein Beispiel für ein Protokoll einer 30-minütigen Diskussion zwischen sechs Personen.

Tabelle 6.1 *Wer spricht?*

Gruppenmitglied	Beiträge	Gesamt	proz. Anteil
A	IIIIIIIIIII	11	20
B	II	2	4
C	IIIIIIIIIIIIIIIII	17	33
D	IIIIIIII	8	14
E	IIIIIII	7	12
F	IIIIIIIII	9	17
	Gesamt	54	100

Wenn wir uns diese Aufstellung der „Beiträge" aller Teilnehmer ansehen, stellen wir fest, dass C offenbar das Meeting dominiert hat. Aber trifft das auch wirklich zu? Ist es möglich, dass C ein Ja-Sager ist und der einzige Beitrag, den er macht, besteht darin, jedes Mal, nachdem ein Gruppenmitglied etwas gesagt hat, „Ja, das ist gut" zu sagen? Insgeheim nennen die Gruppenmitglieder C den „Cheerleader" und Ihr Protokoll zeigt lediglich, dass er die meisten Beiträge geleistet hat.

Um die Kommunikationsprozesse besser verstehen zu können, modifizieren Sie die Vorgehensweise, indem Sie lediglich die Beiträge notieren, die länger als 15 Sekunden dauern. Auch hier machen Sie für jeden Beitrag einen Strich und weitere Striche für jede 15 Sekunden, die der Beitrag dauert.

Die Ergebnisse dieser Zählung für dieselbe Gruppe sind in Tabelle 6.2 dargestellt. „Wer spricht? Wie lange?" Gruppierte Striche zeigen an, dass ein Beitrag länger als 15 Sekunden gedauert hat, also III stellt einen Beitrag von 45 Sekunden Länge dar.

Tabelle 6.2 *Wer spricht? Wie lange?*

Gruppenmitglied	Beiträge	Gesamt	proz. Anteil
A	III I I II III I	6	32
B		0	0
C	I II	2	11
D	II I I	3	16
E	I	1	5
F	I IIII II I IIIII I II	7	36
	Gesamt	19	100

Wie würden Sie den Gruppenprozess in diesem Meeting bewerten?

____

____

Dieses Protokoll entlarvt den Schwätzer! Obwohl Person A sechsmal spricht und Person F siebenmal, beansprucht F erheblich mehr Zeit. Wahrscheinlich kennen Sie solche Personen gut.

Ein drittes Kommunikationsmuster, das sich gut beobachten lässt, sind Unterbrechungen. Sie können dazu die Tabelle „Wer unterbricht wen?“ benutzen. Sie ist sehr leicht auszufüllen. Der Name jedes Gruppenmitgliedes steht in der oberen Zeile der Tabelle und noch einmal in der linken Spalte. In Tabelle 6.3 finden Sie das Beispiel eines zehnminütigen Meetings von fünf Personen.

Tabelle 6.3 *Wer unterbricht wen?*

Name	Arne	Karl	Barbara	Tina	Eduard	Gesamt
Arne unterbricht					I	1
Karl unterbricht						0
Barbara unterbricht	I		I		I	3
Tina unterbricht	I					1
Eduard unterbricht				I		1
Gesamt	2	0	1	1	2	6

Was ist mit Unterbrechung gemeint? Man kann darunter Verschiedenes verstehen. Langatmige Menschen werden häufig unterbrochen. Höher gestellte Personen unterbrechen niedriger gestellte Personen häufiger. Aufgepasst Frau/Herr ManagerIn – vielleicht sind Sie eine(r) davon! Nur wenige unterbrechen den Chef.

In dem obigen Protokoll hat Barbara dreimal unterbrochen, wurde aber nie selbst unterbrochen. Vielleicht, weil sie die Gruppenführerin ist oder weil sie an einer Unterhaltung nur teilnehmen kann, wenn sie andere unterbricht. Wenn Sie sich Zeit lassen und die Diskussionsteilnehmer beobachten, können Ihnen Unterbrechungen ganze Geschichten über die Gruppe erzählen.

Ein viertes Kommunikationsmuster, das man beobachten kann, ist „Wer spricht nach wem?“ Dieses Protokoll identifiziert Menschen, die einander unterstützen oder ablehnen. Verwenden Sie auch hier wieder eine Tabelle mit den Namen der Gruppenmitglieder in der oberen Zeile und linken Spalte. Halten Sie wiederum mit einem Strich fest, welches Gruppenmitglied nach wem spricht, doch diesmal schreiben Sie dazu, ob der Beitrag + (unterstützend), – (ablehnend) oder ^ (neutral) war. In Tabelle 6.4 finden Sie eine Beispieltabelle für „Wer spricht? Nach wem?" für dieselben Personen wie im vorangegangenen Beispiel.

Tabelle 6.4 *Wer spricht? Nach wem?*

Name	Arne	Karl	Barbara	Tina	Eduard
Arne spricht nach		+	^	^+++^^^	^
Karl spricht nach	+^	+			^^^
Barbara spricht nach	^	+			^^^
Tina spricht nach	^^+	^^^^	^+		+^
Eduard spricht nach	^^	^	^^	-^^	
Gesamt	6^2+	5^3+	3^1+	3+1–6^	8^1+

Achten Sie einmal darauf, dass niemand einen unterstützenden Beitrag nach Barbara liefert. Vielleicht werden Barbaras Ideen von den anderen Gruppenmitgliedern als weniger gut eingeschätzt. Sie sehen auch, dass Arne und Tina nacheinander sprechen, und zwar auf unterstützende Art und Weise. Wahrscheinlich sind sie befreundet oder konkreter, sie stimmen in ihren Ideen überein.

Wir haben Ihnen vier Möglichkeiten vorgestellt, wie man Kommunikationsmuster protokollieren kann:

- Wer spricht?
- Wer spricht wie lange?
- Wer unterbricht wen?
- Wer spricht nach wem?

Welches ist wohl der größte Vorteil von der Aufzeichnung von Kommunikationsmustern?

___

___

Wenn Ihnen Vorteile eingefallen sind, wie z.B. dass ein solches Protokoll sehr konkret und sachlich ist und das tatsächliche Verhalten beschreibt, dann sind Sie auf dem richtigen Weg. Die Aufzeichnung von Kommunikationsmustern gibt Ihnen als Führungskraft eine objektive Grundlage für die Analyse und Verbesserung von Gruppenverhalten. Statt der vagen Beobachtung, dass ein Mitarbeiter die anderen häufig unterbricht oder länger, als ihm eigentlich zusteht, spricht, können Sie konkrete Daten präsentieren und sie als Diskussionsgrundlage heranziehen.

Hier einige Möglichkeiten, wie man den Prozess der Kommunikationsaufzeichnung noch erweitern kann. Verwenden Sie die vier leeren Formulare am Ende dieses Kapitels, um die vier Arten von Kommunikationsmustern für Ihre Gruppe zu protokollieren. Sie können dies auf verschiedene Weise tun, z.B.:

- Selbst die Kommunikation protokollieren, während ein Meeting bereits läuft, wobei Sie sich auf nur ein Kommunikationsmuster beschränken und einen Zeitraum von nur zehn Minuten wählen. Wiederholen Sie diese Vorgehensweise, wobei Sie sich dann jeweils auf die anderen Kommunikationsmuster konzentrieren.
- Nehmen Sie die Gruppe auf, ohne die einzelnen Kommunikationsmuster zu protokollieren. Dann hören Sie sich die Aufzeichnung an und füllen Sie die Formulare für ein bestimmtes Kommunikationsmuster für einen Zeitraum von zehn Minuten aus. Anschließend hören Sie sich die Aufnahme weiter an und konzentrieren sich diesmal auf ein anderes Kommunikationsmuster.
- Benennen Sie jemanden, der nicht an dem Meeting beteiligt ist, der die verschiedenen Kommunikationsmuster protokolliert.

Natürlich müssen Sie den Einsatz dieser Methoden mit den Diskussionsteilnehmern abstimmen. Wenn die Betreffenden verstehen, dass Sie daran arbeiten, Meetings effektiver zu gestalten und Ihre eigenen Fähigkeiten als Moderator zu verbessern, werden Sie sicher ihre Zustimmung für eine Aufzeichnung der Diskussion geben. Wenn Sie die Ergebnisse der Protokolle analysiert haben, sollten Sie den Teilnehmern über ihr Kommunikationsverhalten zu einem passenden Zeitpunkt ein Feedback geben, und zwar sowohl den Einzelpersonen als auch der Gruppe insgesamt.

Kommunikationsmuster zu beobachten ist eine Möglichkeit, wie man Klarheit darüber bekommen kann, was in einem bestimmten Meeting zu einem bestimmten Zeitpunkt abläuft. Denken Sie daran, dass eine einzige Art von Informationen meistens nicht ausreicht, um ein abschließendes Urteil darüber abzugeben, wie effektiv oder ineffektiv eine Gruppe arbeitet. Aber sie können Ihnen aufschlussreiche Einblicke in die effektiven und ineffektiven Kommunikationsmuster geben, die mit anderen Methoden nicht sichtbar würden.

Rollenverhalten

Für diese Analyse konzentrieren wir uns auf drei Arten von Gruppenverhalten:

- *„Inhaltlich/aufgabenorientiertes“ Verhalten* – jene Verhaltensweisen, die der Gruppe vor allem dazu dienen, ihre Aufgaben zu erledigen und die Tagesordnungspunkte abzuarbeiten.
- *„Prozessförderndes/-erhaltendes“ Verhalten* – jene Verhaltensweisen, die eine Gruppe zusammenhalten und erhalten.
- *„Selbstorientierte“ Verhaltensweisen* – jene Verhaltensweisen, die die persönlichen Ansprüche der einzelnen Gruppenmitglieder erfüllen, die aber nicht dazu beitragen, dass die Gruppe ihre Aufgaben erfüllt, und auch nicht zum Erhalt der Gruppe beitragen. Manchmal nennt man diese Verhaltensweisen Anti-Gruppenverhalten oder, um es milder auszudrücken, weniger hilfreiche Verhaltensweisen.

Damit eine Gruppe gut funktioniert, benötigt sie sowohl inhaltlich/aufgabenorientiertes als auch prozessförderndes/-erhaltendes Verhalten, und zwar in einem ihren Ansprüchen genügenden Verhältnis. Man könnte meinen, eine Gruppe bräuchte lediglich inhaltlich/aufgabenorientiertes Verhalten. Wenn sie jedoch nur diese Verhaltensweisen zeigt, dann gelingt es ihr vielleicht, die gestellte Aufgabe zu erledigen, doch die Sympathie unter den Mitgliedern reicht möglicherweise nicht aus, um eine weitere Aufgabe zu erledigen. Wenn eine Gruppe andererseits nur prozessförderndes/-erhaltendes Verhalten zeigt, dann agieren die Gruppenmitglieder vielleicht so gern miteinander, dass sie darüber völlig die eigentliche Aufgabenstellung aus den Augen verlieren, oder sie vermeiden es, Konflikte und Meinungsverschiedenheiten zu lösen. Das kann zur Folge haben, dass sie nicht in der Lage sind, ihre Ziele zu erreichen.

Selbstorientierte Verhaltensweisen entstehen aus unterschiedlichen Gründen. Es gibt Verhaltensweisen, mit denen Gruppenmitglieder ausdrücken, dass sie mit den Gruppenmethoden oder sogar der Aufgabe nicht einverstanden sind. Einige selbstorientierte Verhaltensweisen dienen sogar dazu, auszudrücken, dass die jeweilige Person der Gruppe gar nicht angehören möchte. Im Extremfall fehlt den Personen, die ständig selbstorientiertes Verhalten, das den Gruppenbelangen entgegensteht, an den Tag legen, die Fähigkeit zu angemessenem Gruppenverhalten. Was auch immer die Gründe dafür sein mögen, anhaltendes selbstorientiertes Verhalten sollte erkannt, thematisiert und verarbeitet werden. Dieses gelingt am besten in einem Feedback-Gespräch unter vier Augen mit der betreffenden Person. Der Preis, den man in Form eines unangenehmen Gefühls beim Eingreifen in das Gruppenverhalten zahlt, ist erheblich niedriger als der, den man zahlen muss, wenn die Störungen, die durch selbstorientiertes Verhalten hervorgerufen werden, zu einem komplexen Gruppenproblem werden.

Wenn Sie sich an eine Gruppe erinnern können, in der jemand ständig selbstorientiertes Verhalten zeigte, was glauben Sie, welche Motivation dahinter steckte? Wie hat das die Gruppe beeinflusst? Wurde der Konflikt gelöst, und wenn ja, wie?

____

____

Was hätte man schon bei der Planung tun können, das dieses Verhalten bereits berücksichtigt und damit seine Auswirkungen abgemildert hätte?

____

____

Beschreiben Sie, wenn Sie können, eine Situation, in der selbstorientiertes Verhalten letztlich einen positiven Einfluss auf die Gruppe hatte (vielleicht weil der Konflikt gelöst wurde und die Gruppe davon profitierte).

____

____

Und schließlich: Gibt es eine allgemein gültige Aussage oder eine Regel bezüglich selbstorientiertem Verhalten, die man daraus ableiten könnte?

____

____

Wenn Sie zu dem Schluss gekommen sind, dass jedes Verhalten in einer Gruppe wichtig ist und dass es, selbst wenn es die Gruppe stört, auf jeden Fall hinterfragt werden sollte, dann sind Sie auf dem richtigen Weg. Trotzdem sollte anhaltendes selbstorientiertes Verhalten in Ihrer Gruppe wie ein Klopfen im Motor Ihres Autos überprüft werden, bevor Sie weiterfahren.

Auch auf die Gefahr hin, dass ich mich wiederhole: sowohl inhaltlich/aufgabenorientiertes Verhalten als auch prozessförderndes/-erhaltendes Verhalten sind in den meisten Gruppen sehr wichtig und anhaltendes selbstorientiertes Verhalten sollte nicht ignoriert werden. Meistens ist es die Aufgabe der Führungskraft, sicherzustellen, dass eine optimale Mischung aus inhaltlich/aufgabenorientiertem Verhalten und prozessförderndem/-erhaltendem Verhalten gefunden und beibehalten wird.

Eine Möglichkeit, sich ein genaueres Bild von dem Ablauf eines Meetings zu machen, besteht darin, diese beiden Verhaltensweisen systematisch zu identifizieren. Nachfolgend finden Sie die Checkliste „Selbstdiagnose“ (Tabelle 6.5). Die linke Spalte definiert jede der drei Arten von Beiträgen, die Gruppenmitglieder machen können – Verhaltensweisen, die sich auf den inhaltlichen/aufgabenorientierten Bereich beziehen, solche, die dem Gruppenerhalt dienen und selbstorientierte Verhaltensweisen. Die fünf Spalten daneben bieten Ihnen die Möglichkeit, festzuhalten, indem Sie Kreuze oder Häkchen notieren, wie häufig Sie eine bestimmte Verhaltensweise beobachten. Kreuzen Sie die Spalten an, die Ihr Verhalten oder das der anderen Gruppenmitglieder widerspiegeln.

Lesen Sie sich Ihre Eintragungen noch einmal durch und beantworten Sie dann folgende Fragen.

Sind Sie im Allgemeinen eher ein inhaltlich/aufgabenorientierter Mensch oder eher jemand, der etwas für den Gruppenzusammenhalt tut? Wie würden Sie Ihr Verhaltensmuster einschätzen? Wie viel davon ist Ihnen bewusst? Wie viel davon gehört einfach zu Ihrer „Persönlichkeit"?

____

____

Gibt es bestimmte Gruppen oder Meetings, in denen Sie Ihr Verhalten „ändern"? Wenn ja, beschreiben Sie sie und geben Sie mögliche Gründe an.

____

____

Sind Sie bereit, in zukünftigen Meetings andere Verhaltensmuster auszuprobieren? Wenn ja, welche? Welche Konsequenzen erwarten Sie?

____

____

Ein Schlüssel zum Erfolg einer Führungskraft in einer Gruppe liegt darin, dass man sich der Tatsache bewusst ist, dass bestimmtes Rollenverhalten notwendig ist. Zum Beispiel: Eine Gruppe war intensiv damit beschäftigt, ein bestimmtes Problem zu lösen, und hat sich dabei stundenlang „in die Materie vergraben", und trotzdem ist man der Lösung noch nicht viel näher. Anstatt noch einmal alles zusammenzufassen in der Hoffnung weiterzukommen, sollten Sie sagen: „Es war eine lange Sitzung, und wir alle wissen, dass es noch viel zu tun gibt, aber es scheint doch der richtige Zeitpunkt für eine Pause gekommen zu sein. Sie wechseln von inhaltlich/aufgabenorientiertem Verhalten zu prozessförderndem/-erhaltendem Verhalten.

Tabelle 6.5 *Tabelle zur Selbstdiagnose*

Mitglied	1	2	3	4	5
Inhaltlich/aufgabenorientiertes Verhalten Neue Ideen einbringen Informationen erfragen (zusätzl. Informationen erbitten) Informationen geben (Fakten oder andere Infos geben) Meinungen erfragen (um Klärung bemühen, Ideen erbitten) Ausführungen (Beispiele oder Erklärungen) Koordination (verbindet Vorschläge oder Ideen miteinander) Zusammenfassen (stellt Zusammenhang her) Machbarkeitsprüfung (Lösungen oder Ideen prüfen)					
Prozessförderndes/-erhaltendes Verhalten Ermutigung (andere und ihre Ideen loben) Torwächter (bringt andere in die Gruppe) Übereinstimmung erzielen (schlägt Realisierungsmöglichkeiten vor) Aufbereitung (entspricht der Gruppenentscheidung) Gruppengefühle ausdrücken (fasst zusammen, was die Gruppe fühlt)					

Mitglied	1	2	3	4	5
Inhaltlich/aufgabenorientiertes und prozessförderndes/-erhaltendes Verhalten Gemeinsamen Nenner suchen (fragt die Gruppe nach ihrer Meinung zu dem, was beschlossen wurde) Mediation (versucht, Meinungsverschiedenheiten zu schlichten) Spannungsreduktion (versucht, mit Humor eine spannungsgeladene Situation zu entspannen)					
Selbstorientiertes Verhalten Aggressiv sein (Feindseligkeit gegenüber der Gruppe oder anderen Mitgliedern zeigen) Abblocken (verlangsamt den Gruppenprozess durch Absonderung) Vorantreiben (vertritt eigene Ideen oder Positionen) Wettbewerb (bezüglich der Meinung der anderen Mitglieder) Sucht Verständnis (für eigene Probleme) Beschwert sich (macht Vorschläge, die lediglich dem eigenen Interesse dienen) Herumkaspern (Störungen) Aufmerksamkeit erregen (durch Selbstgespräche oder lautes, aggressives Sprechen oder extreme Ideen) Zurückziehen (Gleichgültigkeit, Tagträumen, Abschweifen)					

Vielleicht werden Sie auf diese Weise nicht so schnell mit der Aufgabenstellung fertig, aber Sie werden eine besser funktionierende Gruppe vorfinden, wenn Sie sich wieder der eigentlichen Aufgabe zuwenden.

Jetzt, wo Sie die Diagnose-Checkliste kennen gelernt haben und sie auf Ihr eigenes Gruppenverhalten angewandt haben, stellen Sie vielleicht sogar fest, dass Sie wenn Sie sie in der Form nutzen, bestimmte Gruppen in eine bestimmte Richtung zu beeinflussen, dadurch die Funktion der Gruppe verbessern können. Hier ein paar nützliche Übungen:

1. Verteilen Sie bei einem Team-Meeting leere Formulare der Selbstdiagnose-Checkliste, die Sie am Ende dieses Kapitels finden. Fordern Sie die Teilnehmer auf, dieses Formular zu diskutieren, um so das Bewusstsein in der Gruppe dafür, was Team-Meetings effektiver macht, zu schärfen. Wenn jeder die Checkliste gelesen hat, bitten Sie die Teilnehmer, mit ihrem jeweiligen Nachbarn einige Minuten lang über die drei Verhaltensarten zu sprechen. Dann fordern Sie die Teilnehmer auf, die Verhaltensweise, die sie bisher am wenigsten gezeigt haben, während der Sitzung anzuwenden. Kurz vor Ende des Meetings soll die Gruppe dann über ihre Reaktionen auf die Übung sprechen. Wurden ihre ursprünglichen Annahmen bestätigt? Wie war das Gefühl, als sie neue Verhaltensweisen ausprobiert hat? Wie gut waren inhaltlich/aufgabenorientierte und prozessfördernde/-erhaltende Verhaltensweisen ausgeglichen?
2. Beobachten Sie mithilfe einer leeren Kopie der Checkliste wie das Meeting verläuft. Ignorieren Sie die Titel und nutzen Sie diesen Platz, um Strichlisten zu führen. Benennen Sie einen Beobachter oder Berichterstatter, dessen Aufgabe es ist, nach jedem Beitrag zu notieren, um welche Art von Verhalten es sich handelte. Diese Aufzeichnungen sollten über einen Zeitraum von zehn Minuten geführt werden, dann bitten Sie den Beobachter, über seine Ergebnisse zu berichten. Während die Ergebnisse in der Gruppe diskutiert werden, stellen Sie die folgenden Fragen, damit in der Gruppe ein noch besseres Verständnis von diesen gruppendynamischen Prozessen erreicht wird:

- „Sind wir aufgabenorientierter oder prozessorientierter? Warum?"
- „Sind in unserer Gruppe viele selbstorientierte Verhaltensweisen sichtbar? Wie reagiert die Gruppe darauf?"
- „Welche Vermutungen können wir auf der Grundlage der Antworten zu den beiden obigen Fragen bezüglich der Funktionsfähigkeit unserer Gruppe anstellen?"
- „Was ist nötig, um unsere zukünftigen Meetings noch produktiver zu gestalten?"

Ziele und Maßnahmenpläne

Lassen Sie dieses Kapitel und das, was Sie daraus lernen können, noch einmal Revue passieren. Sammeln Sie alles, was Ihnen zu Ihrer eigenen Leistung einfällt. Setzen Sie sich daraus abgeleitet ein oder zwei konkrete Ziele.

Ziele

Um die gruppendynamischen Prozesse in meinen Meetings effektiver zu gestalten, werde ich …

____

____

Nehmen Sie Ihre Ziele als Ausgangspunkt und transferieren Sie sie in einen Maßnahmenplan.

Maßnahmenplan

Um meine Ziele zu erreichen, werde ich …

____

____

Woran erkennen Sie, wann Sie Ihre Ziele erreicht haben?

Ich werde meine Fortschritte am ________ (Datum in drei Monaten) und am ________ (Datum in sechs Monaten) überprüfen.

Tragen Sie sich diese Daten in Ihren Terminkalender ein.

Während Sie das Gelernte anwenden, vergessen Sie nicht, dass das Ziel niemals darin besteht, minutiöse Pläne zu entwerfen und sich dann strikt daran zu halten. Der Schlüssel zum Erfolg liegt in der ständigen Prüfung, ob Pläne funktionieren, und wenn nicht, Ziele und Maßnahmenpläne zu überarbeiten, um letztlich doch erfolgreich zu sein. Es lohnt sich wirklich, sich regelmäßig Zeit für diese Überlegungen zu nehmen und sich vielleicht einmal pro Monat über seine Fortschritte Gedanken zu machen.

Wir hoffen, dass Ihnen das, was wir Ihnen in diesem Buch vermittelt haben, Spaß gemacht hat, dass Sie davon profitiert haben und dass Sie jetzt das Gefühl haben, dass effizientes Arbeiten für Sie keine unüberwindliche Hürde mehr darstellt.

Wer spricht?

Gruppenmitglied	Beiträge	Zeit	Prozent
Gesamtzeit			

Wer spricht wie lange?

Gruppenmitglied	Beiträge	Zeit	Prozent
Gesamtzeit			

Wer unterbricht wen?

Gruppenmitglied		Gesamt
Gesamt		

Wer spricht nach wem?

Gruppenmitglied	
Gesamt	

Stichwortverzeichnis